Waldbuckelwelten · Bayerischer Wald

BAYERISCHE STÄDTE UND LANDSCHAFTEN   BAYERISCHER WALD

Waldbuckelwelten

Harald Grill · Günter Moser · Konrad Jäger

BUCH & KUNSTVERLAG OBERPFALZ

Die Deutsche Bibliothek - CIP-Einheitsaufnahme

Ein Titeldatensatz für diese Publikation ist bei
Der Deutschen Bibliothek erhältlich.

© 1997 Buch & Kunstverlag Oberpfalz
2. Auflage 2/2002
Wernher-von-Braun-Straße 1, 92224 Amberg
Konzept und Gestaltung: Günter Moser
Texte: Harald Grill
Fotos: Günter Moser und Konrad Jäger
Herstellung: Druckhaus Oberpfalz, 92224 Amberg

ISBN 3-935719-11-6

Umschlagbild: Früher Morgen am Lusengipfel
Vorsatz: Großer Arbersee
Innentitel: Enzianfilz beim Lindberger Schachten
Nachsatz: Winter am Dreisessel
Rücktitel: Am Kleinen Arbersee

Wie einer in den Wald hineinruft

Anmerkungen zu meiner Welt und zu meinen „Weltreisen"

Bayerischer Wald oder Böhmerwald *(Šumava)* – bei den Einheimischen diesseits und jenseits der Grenze heißt er einfach: *Der Wald*.
Früher sprach man draußen oft von *Bayerisch Sibirien* oder vom *Armenhaus Deutschlands*. Wer dort lebte, der lebte *hindda da Breedawänd* oder *do, wo da Hund vareggd is*.
Auf den ersten Blick kann man sich kaum vorstellen, daß die Bewohner des Waldes unter solchen Vorzeichen Selbstbewußtsein entwickelt haben können. Aber die Waldler haben schon ihren Stolz. Das kommt vielleicht daher, daß sie trotz der widrigen Umstände hier aushielten und überlebten. Sie haben es eben den von Boden und Wetter verwöhnten Lahmärschen draußen im Land gezeigt. Warum sollten sie sich noch irgendeiner Obrigkeit beugen müssen?

Sollte ich etwa mit meinen Ferien in Altenufer am Fuße des Bayerischen Waldes angeben? Andere Kinder fuhren nach Italien ans Meer oder nach Österreich in die Berge, andere wenigstens in die Großstadt nach München oder Nürnberg... Obwohl es mir bei meiner Tante Resi und bei meinem Onkel Sepp in Altenufer immer gut gefiel, und ich mich jedes Jahr neu auf die Sommerferien dort freute, schien dieses winzige Dorf so gar nichts Besonderes zu haben, von dem es sich gelohnt hätte zu erzählen. Es lag ja weder in Italien noch in Österreich, nicht einmal richtig im Bayerischen Wald. Und eine echte Großstadt war auch nicht in der Nähe, „nur" der Markt Hengersberg, das Kloster Niederaltaich und ein Bach namens Ohe und die Donau. Was war das schon? Also verreiste ich eben mit dem Finger auf der Landkarte. Das Dorf Altenufer fand ich dort nicht, suchte es auch gar nicht. Lange habe ich gebraucht bis ich kapiert habe, daß Landkarten Bilder aus der Vogelperspektive sind, daß man sie mit Luftbildern vergleichen und mit Erinnerungen ergänzen kann.
Ganze Phantasielandschaften lernte ich abzuleiten und zu verknüpfen mit Bildern, Geschichten und Erlebnissen. Lesen, richtig lesen konnte ich mit einem Mal in Landkarten, geradeso wie in Büchern. Aber oft fehlten die Wörter. Wie sollte ich das benennen, was ich da vorfand? Fragen lagen auf dem Weg, Stolpersteine, Sprachregelungen, Umschreibungen . . .

Die alten Definitionsstreitigkeiten zu dieser Region im Herzen Europas ziehen sich seit Adalbert Müllers und Bernhard Grubers 1846 in Regensburg erschienenem Buch *Der Bayerische Wald* wie ein roter Faden durch viele Bayerwald-Bücher.
Zwei bemerkenswerte Bergketten durchziehen auf bayerischer Seite den Böhmerwald bzw. den Bayerischen Wald: Da ist der mächtige Grenzkamm mit den Bergen Osser, Falkenstein, Rachel, Lusen und Dreisessel.
Wie zwei herausgebogene Zähne dieses Kammes wirken die Linien des Hohen Bogen hin zum Osser und die des Kaitersberges über Mühlriegel, Ödriegel und Schwarzeck bis hin zum Arber. Im Unteren Wald begleitet eine weitere Bergkette die Donau mit Bergen wie Pröller, Hirschenstein, Vogelsang, Rusel und Brotjacklriegel.
Wo hört der *Bayerische Wald* auf, und wo beginnt der *Böhmerwald*? Der Grenzkamm gehört zweifellos zum Böhmerwald. Manche nennen ihn *Hinterer* Bayerischer Wald und die vorgelagerte Berggegend zwischen Donau

und Regenfluß *Vorderer* Bayerischer Wald. Außerdem wird noch der *Obere* Bayerische Wald, der mit dem Falkensteiner Vorwald bis in die südliche Oberpfalz hineinreicht, unterschieden vom *Unteren* Bayerischen Wald, der mit dem Lallinger Winkel und dem Passauer Buckelland auf Niederbayern beschränkt ist.
Daneben gibt es Schnüre aus altem, verzopftem Nähgarn, mit dem seit Jahrzehnten fast alle Bayerwald-Bücher zusammengehalten werden. Soziokulturelle Gegebenheiten drohen in Klischees zu ersticken. Freilich, Glasmacher, Pechler, Köhler und Aschenbrenner, Holzhauer und Flößer, Steinklopfer, arme Waldbauern, Wilderer und Schmuggler und die Armut prägten früher das Leben im *Wald*. Heute gibt es immer noch eine Reihe von Problemen, aber das Leben ist insgesamt leichter geworden. Dazu haben der Nationalpark Bayerischer Wald, der Fremdenverkehr und eine Reihe von Industrieansiedlungen beigetragen. Freilich sind noch viele Waldler als Pendler unterwegs, weil es im *Wald* nicht ausreichend Arbeit gibt. So stehen sich scheinbar unversöhnlich gegenüber: Die Geschichte der fortschreitenden Eroberung des Waldes, die Überwindung des Hindernisses Wald, die Böhmwege, die Goldenen und sonstigen Steige, die Schnellstraßen durchs Waldgebirge und eine Kulisse, die vielerorts für den Fremdenverkehr vorgeschoben wird. Viele Reisende werden angeblich gern durch eine Art Disneyland geschleust, durch eine Scheinwelt mit glasblasenden und Schnupftabak schnupfenden Ureinwohnern vor Baumriesen und Totenbrettern.
Ist es wirklich das, was sie im *Wald* sehen wollen? Um bei Besuchern oder Einheimischen Gefühle für den *Wald* zu wecken, genügt es oft, die ersten Takte der Lieder *„Mia san vom Woid dahoam"* oder *„Tief drin im Böhmerwald"* anzustimmen. Melodie und Text mögen viele anrühren, werden aber geschluckt von der Unverbindlichkeit – genauso wie das Rauschen der Isar bei ihrer Mündung in die Donau geschluckt wird vom Verkehrslärm der Autobahn, auf der die Waldler auf dem Weg sind zu ihrer Arbeit oder das Weite suchen.
Welche zeitgemäßen, zeitnahen Gedanken lassen sich den Bildern von den Schönheiten und Verzauberungen einer Landschaft zur Seite stellen? Texte und Bilder sollten ineinander greifen wie die Zahnräder einer alten Mühle: komplex und doch durchschaubar, überschaubar, knirschend und stampfend zugleich.
Weder eine umfassende Bestandsaufnahme der Region, noch ein Wald- oder Burgen- oder Kirchenführer sollte hier entstehen. Eine Reihe von Beobachtungen, Begegnungen und Erlebnissen, die für mich untrennbar mit dem Bayerischen Wald und dem Böhmerwald verbunden sind, stehen im Zentrum der Betrachtungen.

Immer öfter werden Ängste wach, die man nicht so ohne weiteres einschläfern kann. Den Glasbläsern geht bald die Luft aus. Der Wald pfeift aus dem letzten Loch. Nur langsam, nicht gleich gar so schwarz sehen! Wälder und Waldler haben durchaus ihre Chancen. Da wäre zum Beispiel der Nationalpark. Er lockt Urlauber an, bringt Geld in die Region und könnte Maßstab für ein Miteinander von Natur und Mensch im Bayerischen Wald werden. Häufig aber wird eine gedankliche Trennung vorgenommen: dort die Natur, hier der Mensch. Doch wir leben nicht mehr im Mittelalter, der Wald muß nicht mehr zurückgedrängt werden. Heute geht es darum, eines der letzten Rückzugsgebiete Europas zu erhalten, nicht zuletzt, um hier den Menschen das Überleben zu sichern. Aber was bedeutet das: Die Natur sollte Maßstab werden?
Ein bißchen zurückdrehen, Geschwindigkeiten, Entfernungen zurücknehmen. Zu sich kommen, sich

entgegenwandern und sich begreifen lernen als Teil des Weges, so wie es Wollgras und Blutauge im Hochmoor sind, die Pechnelken und Glockenblumen, die Schlehen und Wildrosenhecken, die Vogelbeerbäume und Buchen an unseren Pfaden. Das war meine Umgebung als Kind. Erst jetzt als Erwachsener nehme ich allmählich wahr: Das ist meine Welt geblieben und sie ist bedroht. Auch durch mich.

Jeder hat so seine Welt. Ich umkreise die meine. Dazu muß ich kein Raumfahrer sein. Ich umkreise meine Welt zu Fuß in fünf Wochen; sie ist für viele vielleicht nur eine winzige Scherbe, das schon, aber eine Spiegelscherbe, in der sich die „Große Welt" wiederfindet. Eine kleine Welt, die sich in der großen wiederholt und wiederholt und wiederholt . . .
Es widerstrebt mir, Wege in Stundenkilometern zu messen. Ein Vormittag, ein Nachmittag, ein Tag, das sind Maßstäbe, mit denen ich Entfernungen messe. Das mag manchem befremdlich vorkommen. Ich höre schon empörte Zurufe: „Die Waldler leben doch nicht hinterm Mond!" Aber man kann den Fortschritt auch überrunden, ihn mit einem menschlichen Maß abseits jeder Technik austricksen. Im Fortschreiten Erfahrungen zu Fortschritten machen.
So wandere ich von der österreichischen Grenze am Jochenstein-Kraftwerk donauaufwärts durch Passau, Vilshofen, Osterhofen, Niederaltaich, Plattling, Deggendorf, Metten, Bogen, Straubing bis Regensburg. Dort geht es weiter am Regen, flußaufwärts von Regensburg über Nittenau, Reichenbach, Walderbach, Roding nach Cham und am Chamb entlang bis nach Furth im Wald. Hier habe ich etwa die Hälfte meiner „Weltumkreisung" hinter mir. An der tschechischen Grenze markieren nicht Städte meinen Weg, sondern Berge, die höchsten Gipfel des Böhmerwaldes: Osser, Falkenstein, Rachel, Lusen und Dreisessel. Danach führt der Weg an der österreichischen Grenze entlang am Rosenberger Gut vorbei, wo Stifter seinen Wittiko geschrieben hat, über Breitenberg und Wegscheid zurück zur Donau.

Auch Durchquerungen haben es in sich. Hinein in meine Welt durchs Zellertal nach Kötzting, den Schwarzen Regen hinauf nach Viechtach, Regen und Zwiesel, weiter nach Frauenau, nach Grafenau und an der Ilz entlang nach Passau. Oder warum nicht von Cham aus auf der Bergkette des Vorderen Waldes entlangwandern? Schon die Namen der Berge locken: Käsplatte, Pröller, Predigtstuhl, Kälberbuckel, Hirschenstein, Vogelsang, Rusel, Einödriegel und Brotjacklriegel.

Das einstige Armenhaus und Spital des Marktes Hengersberg am Fuße des Bayerischen Waldes wurde renoviert. Es steht unter Denkmalschutz und beherbergt heute Bilder und Skulpturen von Malern der *Bayerwaldgruppe*, die mittlerweile hohe Preise erzielen, u.a. von Otto Baumann, Hermann Eller, Hermann Erbe-Vogel, Josef Fruth, Reinhold Koeppel, Karl Mader, Walther Mauder, Hans Rieser, Otto Sammer, Heinz Theuerjahr.
Das einstige Armenhaus Bayerischer Wald ist zum Urlaubsziel geworden. Hier suchen die Leute, was sie woanders immer weniger finden: Ruhe und Erholung, überraschende Fernblicke und Wege zu sich selbst.
Die Ursprünglichkeit unverbrauchter Natur ist etwas Besonderes geworden. Auf dem mageren Boden brachte die Übereinstimmung von Natur und Kultur seltene Blüten hervor. Aus der einstigen Armut konnte bescheidener Wohlstand heranwachsen.

Am Rißbach, auf dem Weg zum Arber

Haberngras und Siebenstern

„Ist es eine seltsam verkrüppelte Wurzel, ein verästelter, halb verdorrter Baum,
oder ein wirkliches, echtes Gespenst, das drohend am Wegrand seine Fänge ausstreckt?
Wer möchte das entscheiden? Ängstlich schreiend versucht die junge Mutter ihre
Vierlinge aus dem dunkelnden Wald zu ziehen, wo es nicht geheuer ist."
Alfred Kubin

Wetterfichte am Rachelgipfel

Kinder können das Gruseln noch im Wald lernen: Ein bißchen Hänsel und Gretel, ein bißchen in die Dämmerung hineinlauschen – horch!
Erwachsene ziehen aus in den Krieg, das Gruseln zu lernen, und wenn es „nur" der Krieg auf unseren Straßen ist oder der Konkurrenzkampf in den Karriereschmieden. Es bleiben Verletzungen, bleiben Zerstörungen, Wracks. Kosmetik wird nötig. Fassaden und Kulissen werden aufgestellt – darin sind wir mittlerweile Meister geworden in unserer Ellenbogengesellschaft.
Der Wald gilt uns als Ort der Erholung. Hier lecken wir unsere Wunden, wir Krieger, hier wollen wir aufatmen. Unsere Seele ein Spiegel? Vielleicht. Aber auch der Wald wird zum Spiegel unserer Seele, unserer Träume, unseres Denkens. Was ihn zerstört, zerstört auch uns. Stehen sich zwei Spiegel gegenüber, spiegeln sich die Sorgen ins Unendliche. Nicht einmal wenn es dunkel wird, bekommen wir Ruh. Horch! Was war das?
Der Ruf eines Waldkauzes? Auch Erwachsene können das Gruseln im Wald lernen: ein andächtiges Gruseln.

Unsere gewundenen Wurzeln. Unsere Ausreden! Wie gern wir uns auf sie berufen, um nicht fortlaufen zu müssen! Wir bilden uns ein, daß wir gesund sind. Wir geben vor, noch Wurzeln zu haben. Aber die gibt es nur im Kopf. Jedenfalls haben wir Beine. Viele Bayerwaldler sind nach Amerika ausgewandert oder in unsere Metropolen, dorthin, wo der Boden nicht so geizig ist, dorthin, wo es gut bezahlte Arbeit gibt.
Die Wurzeln stecken meist im Dunkeln. Treten sie ans Tageslicht, verlieren sie ihre Aufgabe. Immer dieses Festhalten am kargen Boden, der kaum Nahrung bietet, der es den Bäumen und Träumen verwehrt, in den Himmel zu wachsen, immer das Hineinsuchen ins Dunkel der Erde, dem am Ende doch niemand entrinnen kann. Rodungen sind im Grunde vergleichbar mit kämpferischen Auseinandersetzungen. Schlachtfelder bleiben zurück. Viel Durcheinander. Viel Totes. Wind und Wetter legen das Holz frei, scheuern es blank.

Und dann die Käfer. Die Mehrzahl aller Käferarten lebt von morschem Holz. Sie zerlegen es in seine kleinsten Bestandteile. Es bleibt nichts übrig. Nur Erde. Humus.

Bergfichten sind schmaler als andere Fichtenarten. Sie haben sich dem rauhen Klima und den widrigen Verhältnissen der höheren Regionen angepaßt.
Auf den kurzen, herabhängenden Ästen können sich keine großen Schneelasten ansammeln. In den vergangenen Jahrtausenden hat sich eine artenarme Pflanzengesellschaft entwickelt. Junge und alte Bäume stehen gemischt und nicht sehr eng beisammen.
Und die Menschen hier, werden auch sie durch ihre Umgebung geprägt? Haben sie gelernt, mit dem Wald zu leben, oder sehen sie ihn bloß als Wirtschaftsfaktor? Haben sie erkannt, daß eine unversehrte Natur mittlerweile ihr bestes Kapital ist?
Was man früher ab und zu auf Windbruchlichtungen beobachten konnte, ist nun im Bergfichtenwald zum Allgemeinbild geworden. Wolfgang Bäuml vom Waldgeschichtlichen Museum in St. Oswald führt mich. Wir folgen dem Böhmweg, einem geschichtsträchtigen Handelsweg zwischen Böhmen und Bayern, durch ein Meer aufrecht stehender, vom Borkenkäfer entrindeter, toter Fichten, dazwischen liegen kreuz und quer entwurzelte oder abgebrochene Stämme.
Der Rotrandige Fichtenbaumschwamm hat sich an den toten Stämmen angesiedelt und hilft mit, das Holz zu zersetzen. Die abgestorbenen Bäume sind Wärmespeicher, auf ihnen keimen schon die Samen der kommenden Baumgeneration, entweder auf den

Wurzelstöcken oder in einer Reihe auf den liegenden Stämmen, den Rannen. Oberhalb der Grasdecke entgehen sie dem schwarzen Schneeschimmel und können sich frei entfalten. Dem Wild ist dieser Verhau zu hinderlich. So kommt es an den jungen Bäumen und Sprößlingen kaum zu Wildverbiß. Die Bäumchen umklammern mit ihren Wurzeln das vermodernde Holz und ernähren sich aus ihm über Jahrzehnte hinweg. Ist der tote Stamm unter ihnen verschwunden, stehen diese Bäume auf Stelzenwurzeln.

Guter Rat muß nicht immer teuer sein. Man könnte aus Erfahrungen lernen: Die Orkanschäden von 1868 und 1870 und die Trockenheit von 1947 bis 1951 hatten einen breitflächigen Borkenkäferbefall zur Folge. Borkenkäfer befallen nur kranke Bäume. Untersuchungen zeigten, daß menschliches Eingreifen das Waldsterben nur verzögern kann. Überall dort, wo das kranke Holz entfernt wurde, fehlte dem neu aufkeimenden Wald nach dem Zusammenbruch der Borkenkäfervölker der Humus, und es dauerte in der Regel ein paar Jahre länger, bis der Wald sich verjüngen konnte. Trockenheit und Windbrüche sind vorübergehende Erscheinungen. Heute haben wir es mit einer Kombination von Ursachen zu tun. Die Erwärmung der Atmosphäre, die Schadstoffe in der Luft und im Wasser in einem nie dagewesenen Ausmaß führten zur Dauerbelastung der Natur. Niemand kann genau sagen, wie es weitergeht. Auch die Aufichtenwälder in den kalten Talmulden und die Bergmischwälder sind bereits bedroht. Das Wechselspiel von Umwelteinflüssen und die Klimaveränderung führen dazu, daß sich die Wurzeln zurückziehen, daß durch saures Wasser Schadstoffe im Boden freigesetzt werden, daß der Schnee weniger lange liegenbleibt und der Boden seine Wasserreserven zu schnell verliert. Immer mehr Bäume kränkeln und werden von Borkenkäfern befallen. Die alten Waldgesellschaften verschwinden großflächig. Politiker und Fremdenverkehrsmanager fürchten, der Anblick der Baumgerippe könne die Fremden verschrecken. Man will die toten Bäume entfernen, denn Rodungsflächen mit jungen Büschen sehen besser aus.

Von Albrecht Altdorfer (1480-1538), einem Maler der Donauschule, der in Regensburg lebte, stammt das Bild *Donaulandschaft bei Regensburg*. Es gilt als das erste Landschaftsgemälde der europäischen Malerei und zeigt einen Blick aus dem Falkensteiner Vorwald in Höhe von Schloss Wörth zur Donauebene. Kein Heiliger, kein Ritter, kein Engel ist auf diesem Bild zu sehen, nur Landschaft. Das war absolut unüblich in dieser Zeit. Damals ging es darum Wälder zu roden, Land urbar zu machen, Äcker anzulegen. Damals war die Natur ein mächtiger Gegner. Heute hat man für sie Reservate eingerichtet, wie für die letzten Indianer. Der Wald ist für viele ein Pflegefall geworden. Nicht so für Hans Bibelriether, den langjährigen Leiter des Nationalparks Bayerischer Wald. Er führt unsere Familie in Gebiete, wo der Wald einfach Wald sein darf – nicht gut, nicht schlecht, nur einfach Wald. Sich selbst überlassen, reguliert und erneuert er sich nach und nach allein. Ein Spaziergang auf dem *Seelensteig* durch den Urwald kann jedem die Augen öffnen für die Kräfte und die Eigenwilligkeit der Natur. Auf Holzbohlen, ohne ein einziges Mal den Waldboden zu betreten, spazieren wir durch den Urwald, der ohne diesen Pfad nicht begehbar wäre. Meditationstexte und Gedichte begleiten uns wie Kreuzwegstationen. Sie haben etwas mit Moral zu tun. Weniger mit dem Zeigefinger, mehr mit Nachdenklichkeit, mit Besinnung aufs Wesentliche, mit Religion *und* Natur.

Fichtenrinde mit Fraßgängen des Borkenkäfers

Der tote Wald zwischen Rachel und Lusen

Wald am Kohlbach

Ein Baum vergeht, verwitterte Tanne

Baumschwämme am Totholz,
der Waldler nennt sie „Hadernsäu"

Stelzenbäume am Watzlikhain

Auf dem Weg zum Lusen

Im Nationalpark: Wisent

Auerhahn

Braunbären

Luchs

Urwaldgebiet „Mittelsteighütte" am Großen Falkenstein

Das Reschbachtal bei Finsterau

Windschutzhecken bei Mitterfirmiansreuth

Im Naturschutzgebiet „Hölle" bei Falkenstein im Regensburger Vorwald

Spätherbst am Kohlschachten

Zuhaus ein Maulwurf, draußen ein Luchs

„*Wenn man nicht feste, ruhige Linien am Horizonte seines Lebens hat,
Gebirgs- und Waldlinien gleichsam, so wird der innerste Wille des Menschen selber unruhig, zerstreut und
begehrlich wie das Wesen des Städters: er hat kein Glück und gibt kein Glück.*"
Friedrich Nietzsche

Wollgras im Zwieselter Filz

Frühmorgens auf der Frauenauer Alm verharren wir. Feierlichkeit aber auch Weltverlorenheit prägen die Stimmung. Inseln im Waldmeer hat man die Schachten auch genannt. Verlassen von allen guten und schlechten Geistern dürfen hier die Baumriesen in sich zusammensinken und in Würde sterben. Der Friedhof für Elefanten in einem Tarzanfilm kommt mir in den Sinn. Der Maler Hajo Blach aus Grafenau erzählte mir, daß sein Freund, der Künstler Heinz Theuerjahr, auf dem Sterbebett Elefanten gezeichnet hat. Theuerjahr war mehrmals in Afrika, dort holte er sich Anregungen, die er zuhaus in Waldhäuser in jahrelanger, intensiver Arbeit von der konkreten Darstellung bis zur Abstraktion führte. Seine letzte Skizze zeigt eine Herde von Elefanten, die sich in der Ferne verliert. Jetzt bin ich mir sicher: Seine Elefanten fanden sich ein an einem Ort wie diesem. Andächtig, fast verstohlen, als verstieße ich gegen ein geheimnisvolles Gesetz, stecke ich den ausgebleichten Splitter eines Buchenastes und ein Stück Rinde in die Anoraktasche. Später finde ich noch eine Feder aus dem Spiegel eines Eichelhähers, Mitbringsel für zuhaus, Erinnerungen an diese Stille, eine Art von Souvenir, wie es die Touristen da drunten suchen – und doch anders.

Ich betrachte eine der zerklüfteten Schachtenbuchen genauer. Halb tot, halb lebendig steht sie da. Aus einer morschen Astgabel wachsen die Äste einer Eberesche: Eine eigentümliche Paarung, aus der eine Vogelbeer-Buche entsteht . . .

Mit bedrohlicher Geschwindigkeit rasen die Wolken an diesem Morgen über uns hinweg, so dicht, daß wir versucht sind, die Köpfe einzuziehen. Bald frieren wir. Der Kalender zeigt bereits den letzten Maitag an, doch die Kuppe des Großen Rachel ist weiß vom Rauhreif. Sogar hier auf dem Schachten haben Buchenblätter und Gräser versilberte Eisränder. Und drunten im Donautal blühen die Kastanien. Die Sonne ist noch nicht aufgegangen. Ihre Ankunft deutet sich aber an am Horizont. Mehr und mehr breitet sich das Licht aus vom Osten her. Schon tauchen da und dort in der Landschaft Lichtflecken auf. Sie hängen auch dem Rachel wieder und wieder ein neues Gewand um. Ein Schauspiel, das auf der ganzen Welt kein Film und keine Bühne wiedergeben kann. Die Häuser und die Kirchturmspitze drunten in Zwiesel sind jetzt beleuchtet, endlich auch der Waldrand: Die Bäume hier oben stehen auf der Schachtenbühne wie im Scheinwerferlicht. Die Wiese liegt noch im Schatten. Allmählich verschwindet am Himmel die bleiche Mondsichel. Der Sonnenball taucht auf, steigt rasch höher und verjagt das Gewölk. Der Tag macht sich breit über dem Erdball wie eine Glucke über einem Ei. Da kommt ein Radler über einen Pfad auf der Seegraswiese auf uns zu, der Gerhard Hopp. Als Kind war er als Hüterjunge hier heroben.

Seit den sechziger Jahren werden die Schachten nicht mehr beweidet. Teile der Wiesen sind von Schwarzbeerstauden überwuchert, andere hat sich der Wald schon wieder zurückerobert.

Gerhard Hopp ist kein Hirte geworden. Er hat studiert und ist jetzt Lehrer in Chammünster. Über diese Gegend hier hat er seine Zulassungsarbeit geschrieben. Er kennt sich aus und gibt allem, was ich sehe, Namen. Unter uns die Orte Zwiesel, Langdorf und fast schon gegenüber, südöstlich der Seewand des Arber, am Abhang des Hennerkobels, Rabenstein, wo der Mühlhiasl gestorben ist. In Rabenstein wurde im 15. Jahrhundert die erste Glashütte im Bayerischen Wald errichtet. Dort wurden lange Zeit Glasperlen für die Rosenkranzherstellung im Wallfahrtsort Neukirchen beim Heiligen Blut gefertigt. Die Fernsicht ist berauschend schön. Weiter hinten am südlichen Horizont erkennen wir die Berge des Donauwaldes, den Geißkopf, den Hirschenstein und den Predigtstuhl mit dem hellen Streifen auf dem Rücken, der Schiabfahrt, darunter Kollnburg. Und in der Ferne, über dem Einschnitt des Zellertales, ein schmaler Abschnitt zwischen zwei Bergkuppen, das muß die

Straße sein, die von meinem Heimatort Wald hinunterführt nach Walderbach. Wie oft haben wir den Blick von dort hierher bewundert. Auch die Leute, die im Flugzeug über uns hinwegdüsen, haben so einen großartigen Überblick. Doch was sie wahrnehmen, versickert in der Beliebigkeit. Es fehlt jemand, der ihnen hilft das Gesehene zu benennen und einzuordnen.

Wir wandern weiter. Die Schwarzbeeren und die Rauschbeeren hängen schon als kleine grüne Knöpfe an den Stauden. Im Sommer werden hier wieder Frauen *Hoiwa kampeln*, obwohl das *Kampeln* verboten ist, weil es die Stauden ruiniert. Na gut, dann werden sie die Beeren halt einzeln zupfen . . .
Auf dem Kohlschachten begegnen wir noch einmal dem Gerhard Hopp. „Hier haben sich früher die *Schwirzer*, die Schmuggler, getroffen," erzählt er, und daß der Beruf der Aschenbrenner sehr wichtig war. Buchen verbrannten sie zu Pottasche, die die Glashütten zur Glasherstellung brauchten. Bevor wir uns verabschieden, zeigt er uns den Weg zu einer kleinen Brunnenhütte mit einer Quelle, an der wir unsere Wasserflaschen nachfüllen können. Gutes Wasser sei das, kein Moorwasser!
Gegen Mittag im Zwieselter Filz glotzen uns kalt die Mooraugen an. Keine Lebewesen sind darin zu erkennen. Saures Wasser, dort hinein spiegelt der Himmel mit den unruhig dahinziehenden Wolken einen Anschein von Leben. Und zwei Wanderer spiegeln sich dort. Endlich Bewegung, auf der Wasseroberfläche einsam und verlassen zwei Wasserläufer.

Hinter dem Bauernhaus, in dem 1927 mein Vater geboren wurde, und wo er seine Kindheit verlebte, in Altenufer bei Hengersberg, steht eine Linde. Das Haus war im 15. Jahrhundert ein Forsthaus des Klosters Niederaltaich. Es besteht aus Wohntrakt, Stall und Scheune. Der obere Stock ist aus Holzbalken gezimmert. Das Gebäude steht unter Denkmalschutz. Das heißt, es verfällt langsam. Mein Cousin Sepperl, der jetzt dort Bauer ist, hat sich mit seiner Familie ein neues Haus gebaut. Das sei billiger und leichter zu pflegen, sagt er. Steht man vor dem neuen Haus, sieht man hinüber zum Brotjacklriegel. Der Sendeturm dort liefert seit 1959 Radio- und Fernsehprogramme. Manchmal schlägt der Blitz ein da oben.
Hinter dem alten Haus sieht man das Waldgebirge nicht, nur die mächtige Linde. Sie strahlt Ruhe aus. Nach jedem Sturm ist der Boden von abgebrochenen Ästen übersät. Es hat Jahre gedauert bis ich bemerkt habe, daß dieser alte, starke Baum schwächer geworden ist. Äste brechen von solchen Bäumen, wie Hoffnungen abfallen von Menschen, wenn sie zu vielen Schicksalsschlägen ausgesetzt sind. Trotzdem: Bäume sind keine Menschen. Bäume sterben im Stehen.

Im Waldmuseum Zwiesel wird auf einer Baumscheibe Geschichte sichtbar. Da ist ein Jahresring mit Goethes Geburtstag markiert, einer mit Luthers Todestag, das Ende des Dreißigjährigen Krieges, der Beginn des Ersten Weltkrieges – da waren meine Großväter schon dabei, der schlesische und der bairische. Die Linien, die Furchen auf den Handflächen meiner Mutter, meiner Großmütter – auch auf ihnen wird Geschichte sichtbar. Spuren lassen wir zurück im Land, und die Tage lassen Spuren zurück in uns, Linien, Lebenslinien ganz anderer Art, als die der Bäume.

Frühling am Kohlschachten . . .

. . . und am Rindlschachten

September am Großen Schachten

Blaubeeren, Rauschbeeren und Latschen im Zwieselter Filz

Kohlschachten

Morgenstimmung am Lindberger Schachten

Am Großen Schachten, am Horizont das Arbermassiv

Auf der Frauenauer Alm

Erstes Eis auf einem Moorauge im Zwieselter Filz

Der große Latschensee im November

Jahreswechsel auf dem Kohlschachten

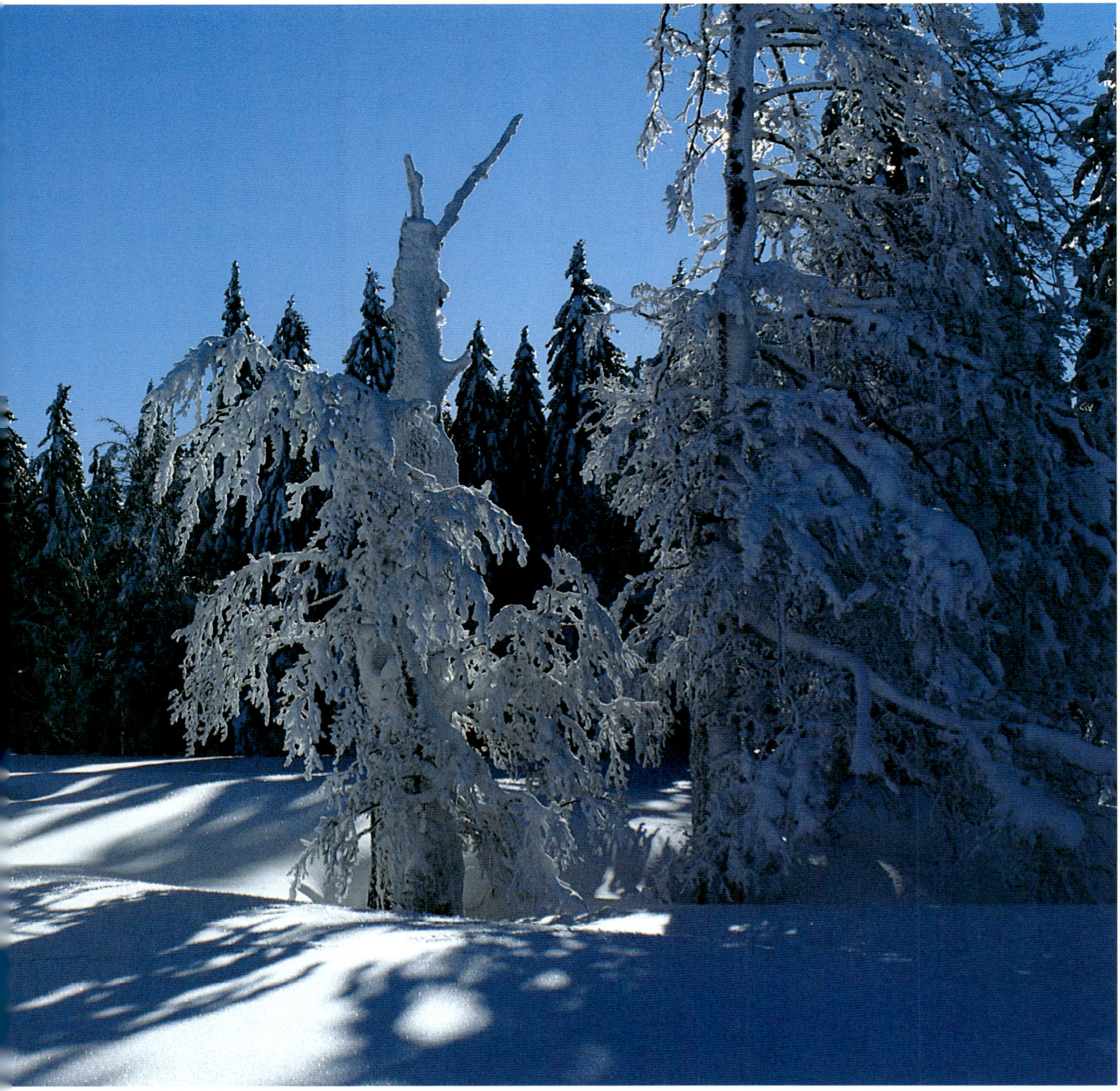

Rißlochfälle bei Bodenmais

Im Wald regnet's zweimal

„*Ich komme mir vor wie ein Schatzgräber, dabei stoße ich auf Gold- und Silberadern,
auf Erz und auf Schlacken; die Spur zu der schönsten aller erdenklichen Welten.
Sind die Bilder, die ich hinterlasse, eigentlich nur Abfälle oder beiläufige Funde eines Suchenden,
ein Weg ins Unter- oder Überbewußte, ein Versuch, das Unaussprechliche auszusprechen?*"

Heimrad Prem

Kreuzbachklause unterm Dreisessel

Die „Brüste der Muttergottes" nennen die Tschechen die beiden Gipfel des Osser. Und an der Ostflanke dieses Bergmassivs, das seine Fortsetzung im Künischen Gebirge findet, gibt es zwei Seen, um die sich ebenso wie um die Arberseen und den Rachelsee geheimnisvolle Sagen ranken: den Teufelssee *(Čertove jezero)* und den Schwarzen See *(Černé jezero)*.

Furchtbare Waldschlucht, größtenteils mit Schwarzholz bewachsen, von hohen Gebirgen rings umgeben. Von einem derselben stürzt ein Wasserfall. Der Vollmond scheint bleich. Zwei Gewitter sind von entgegengesetzter Richtung im Anzug. Weiter vorwärts ein vom Blitz zerschmetterter, verdorrter Baum, inwendig faul, so daß er zu glimmen scheint . . . so beschreibt das Textbuch von Carl Maria von Webers „Freischütz" das Bühnenbild dieser romantischen Oper. Der Komponist kam bei einem Ausflug von Prag in den Böhmerwald auf die Idee zu diesem Werk. Aber weder Wilderer noch Freischützen werden einem heutzutage begegnen, höchstens Wanderer, Waldarbeiter und gelegentlich eine Grenzstreife. Im Winter 1996/97 ist auf dem Kamm des Künischen Gebirges eine junge asylsuchende Frau aus Indien erfroren. Schleuser hatten sie im Stich gelassen. Auf dem Friedhof in Lohberg liegt sie nun begraben. Das Wilde dieser Gegend wurde oft romantisch verklärt. Im Waldgebirge entspringen viele Quellen, Geschichten bahnen sich hier ihren Weg, wie kleine Bäche sprudeln sie durchs Geröll, als wäre der Teufel hinter ihnen her. Und der Teufel muß im Wald irgendwo seine Heimat oder wenigstens eine Ferienwohnung haben. Deuten nicht Namen wie Hölle, Höllbach, Höllbachgspreng oder Höllensteinsee darauf hin? Heißt es nicht, das Granitgeröll des Lusen hätte der Teufel über seinen Schätzen aufgehäuft oder stimmt es eher, daß er den Weg zur Hölle pflastern wollte, von einem frommen Einsiedler dabei gestört wurde und vor lauter Wut die Granitbrocken auf den Lusengipfel warf. Aber wir wissen: Es gibt Teufel, die müssen wir mehr fürchten als die, die uns Höllen dieser Art bescheren und denen der Wegebau so eindrucksvoll mißlingt.

Der Regenfluß ist ein Kind des Böhmerwaldes. Seine Quelle findet sich nicht weit entfernt von Carl Maria von Webers Wolfsschlucht. Der längste seiner Quellbäche, der Regenbach, entspringt in einer sumpfigen Mulde am Fuße des Panzer *(Pancíř)*. Er vereinigt sich beim Markt Eisenstein *(Železná Ruda)* mit dem Riegelbach und dem vom Teufelssee kommenden Eisenbach und wird zum Großen Regen, der nach wenigen Kilometern bei Bayerisch Eisenstein die Staatsgrenze erreicht. Großer und Kleiner Regen bilden bei der Stadt Zwiesel ein Zwiesel, und heißen danach Schwarzer Regen.

Der Weg führt uns von Oberfrauenau am Kleinen Regen entlang zum Grenzkamm hinauf, dorthin, wo die Wurzeln sichtbar sind, Wurzeln, die sich am Urgestein festkrallen, die es festhalten, wie wir unsere Geschichte, unsere Geschichten.
Das Wasser schießt tosend herab, spült Felsen und Wurzeln frei. Dazwischen Lichtgesprenkel, Sonne. Sie versilbert das sprudelnde Wasser am Wasserfall und verkupfert es, wenn es über einer sandigen Mulde zur Ruhe kommt. Und das Moos ringsum wird zu leuchtendem Grünspan. Der Boden federt. Er ist weicher als ein Teppichboden. Dort, wo er von Gräsern überwuchert ist, lädt er ein zum Ausruhen. Immer wieder verharren wir, teils, weil wir außer Atem sind vom Anstieg, teils andächtig, als wären wir hier unterwegs zu einem mystischen Ort, dorthin, wo wir Auskunft erhalten über unser Herkommen. Im Felsenwirrwarr unter den Frauenfarnbüscheln findet der Moser Günter einen entwurzelten Grenzstein. Wir heben ihn etwas an, drehen ihn zur Seite, um die Inschrift lesen zu können: *K.B. - 1708 - H.B.* Der muß einmal oben auf dem Kamm gestanden sein, der die Wasserscheide Nordsee-Schwarzes Meer markiert, eine der ältesten Grenzen Europas.

Ein Regenschauer überrascht uns. Wir suchen Schutz unter dem geräumigen Dach einer Buche. Später, als es aufgehört hat zu regnen, erwischen uns immer noch Wassertropfen an der Nasenspitze, im Genick, an der Hand. Tropfen für Tropfen, behutsam, geben die Bäume den Regen weiter. So regnet's im Wald zweimal.

Flußabwärts führt ein alter Handelsweg am Regen entlang. Er wird gesäumt von Wäldern, Kirchen und Burgen. Bei Regen trifft der Schwarze Regen auf den „Pfahl". So wird der langgestreckte Quarzgang genannt, eine merkwürdige Felsrippe, die nördlich von Schwandorf beginnt und sich kerzengerade durch den Bayerischen Wald bis nach Österreich hinunter erstreckt. Hoch auf dem weißen Quarzrücken des Pfahl, eine halbe Stunde Fußweg von der Kreisstadt Regen entfernt, steht die Burgruine Weißenstein. Der gebürtige Balte Siegfried von Vegesack (1888-1974) erwarb im Jahre 1918 für ein Butterbrot – mehr war er wohl auch seinerzeit nicht wert – den Burgturm und nistete sich dort ein. Auch sein Grab und sein Totenbrett sind dort droben zu finden. Vegesack lud Kollegen gegen Entgelt zur Sommerfrische in den Turm ein. Das Gästebuch weist bekannte Namen von Schriftstellern und Malern auf, die den Dichter besuchten: Georg Britting, Hans Carossa, Werner Bergengruen, Paula Ludwig, Erich Mühsam, Alfred Kubin . . . Des Dichters Ehefrau hat es hier nicht ausgehalten. Sie ist mit ihren Kindern in die Stadt gezogen. Sie sollten es nicht so weit in die Schule haben.
Der Vegesackturm dient heute als Museum und Veranstaltungsort für Dichterlesungen und ist so komfortabel, wie er es zu Lebzeiten des Dichters nie war.
Unterhalb der Wallfahrtskirche Weißenregen, unweit von Kötzting, vereinigt sich der Schwarze mit dem Weißen Regen, der dem kleinen Arbersee „entronnen" ist. Nun heißt der Fluß nur noch Regen. Bei Regensburg mündet er in die Donau und erreicht eine Länge von etwa 170 km. Zwischen Cham und Regensburg sind im Regen riesige Waller gefangen worden, mancher länger als zwei Meter. In den Seitenbächen gab es Perlmuschelgründe.
Die Predigerkanzel in der Wallfahrtskirche Weißenregen verfängt sich mit ihren Netzen in meinem Gedächtnis: Eine barocke Kanzel, ein Schiffsrumpf, von dem aus die Apostel nach Menschen fischen. Woran werden die Kirchenbesucher in früheren Zeiten gedacht haben? Haben sie sich verglichen mit den Fischen im Regenfluß? Womöglich mit frisch gefangenen Fischen, die in diesem „Himmel auf Erden" ganz atemlos umhersprangen, weniger aus Freude als aus Todesangst?

Malerei und Tod feiern gemeinsam ein Fest in den spätromanischen Totentanzfresken der St.-Anna-Kapelle in Roding. Auch Namen von Künstlern wie Kurt von Unruh und Heimrad Prem sind mit der Stadt verbunden. Während der Maler Kurt von Unruh sich hierher zurückzog, ist Heimrad Prem, der Mitbegründer der GRUPPE SPUR, in Roding geboren und später in die Großstadt gezogen. Im Leben und in seiner Kunst sprengte er vorgefundene Grenzen. 1978 hat Heimrad Prem in München Selbstmord begangen. Auch sein Leben glich einem Totentanz. Vielleicht floh er vor dem, was er suchte. Aus dieser inneren Zerrissenheit sind seine Kunstwerke entstanden. Im Museum der GRUPPE SPUR in Cham sind einige zu sehen.

Oktobermorgen am Rißbach

Gischtende Frühjahrswasser,
Höllbachgspreng am Falkenstein

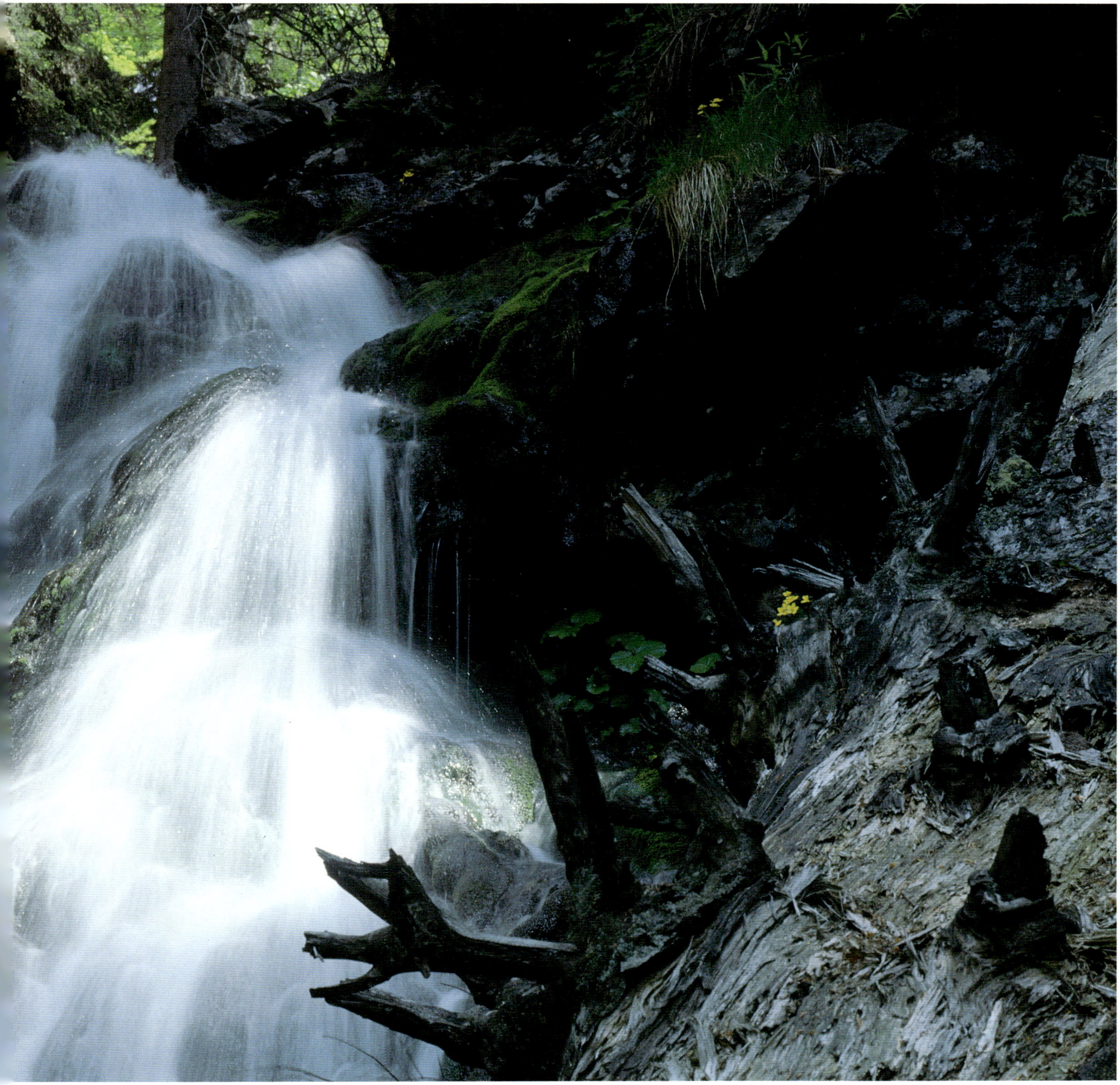

Die Große Ohe in der Dießensteiner Leite

Die Wolfsteiner Ohe in der Buchberger Leite

Der Kleine Arbersee mit den schwimmenden Inseln

Zufluß des Geigenbaches am Großen Arbersee

Der Kleine Regen kurz nach der Grenze

Trinkwassertalsperre Frauenau

49

Novembermorgen am Rachelsee

Frühwinter am Rachelsee

Erstes Eis in der Arberseewand

Der Rißbach bei Bodenmais im Januar

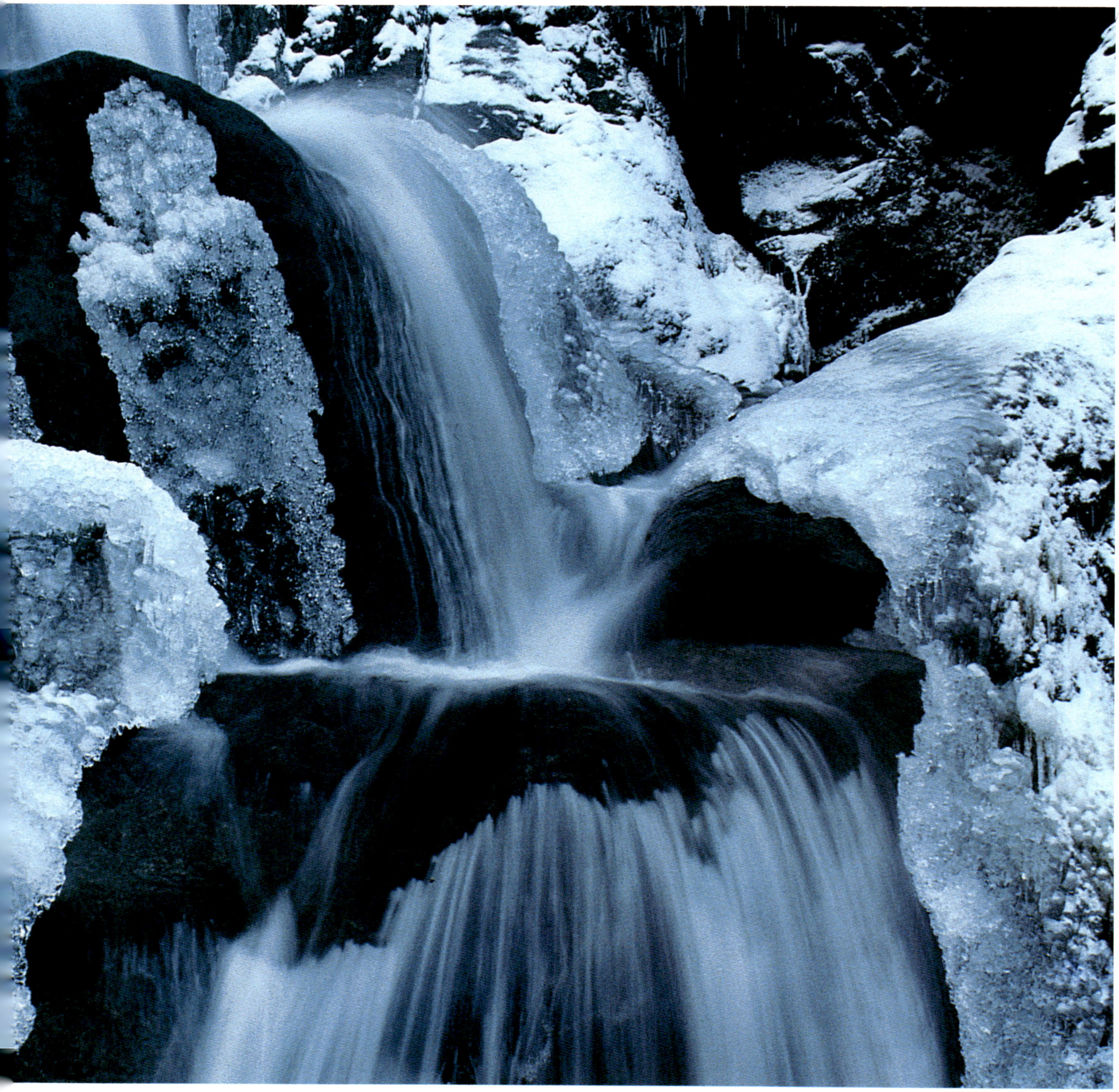

Der Kreuzfelsen am Kaitersberg über Kötzting

Glück und Glas

*„Der Tourismus ist zwar zu begrüßen, solange er nicht die Probleme der Städte in diese Gegend trägt.
Als Fremdenführer allein kann ich mir den Waldler nicht vorstellen.
Er braucht die Besinnung und Wertschätzung seiner – wenn auch armseligen – Tradition."*
Erwin Eisch

Die Ruine Weißenstein auf dem Pfahl

Die Landkarte: blaue Zickzackbänder die Bäche und Flüsse. Schwarze und grüne Zick-Zack-Bänder die Zuglinien, die Wanderwege und die Straßen, so rot, als wären sie mit Blut markiert. Ich überlasse mich dem Zufall, besuche Orte, von denen ich manche bisher nicht gekannt habe. Auf leisen Sohlen will ich mich nähern. Die Menschen und ihre Art zu leben interessieren mich. Die Bilder hinter der Beliebigkeit will ich kennenlernen, das Gemeinsame und das Eigene von Orten wie: Zinzenzell, Konzell, Altrandsberg, Miltach, Wettzell, Arnbruck, Drachselsried, Teisnach, Gotteszell, Bischofsmais, Schönberg, Frauenau, Mauth, Philippsreuth, Freyung, Waldkirchen, Hauzenberg, Wegscheid .... Man kann durch eine Landschaft wandern oder fahren wie durch ein Leben. Der Bus fährt, öfter noch als der Zug, der die kleinen Nester verachtet, in Schlangenlinien auch die kleinsten Dörfer an. Er verschlingt Menschen, die am Morgen in die Arbeit fahren. Und er speit abends nacheinander alle verknittert und ausgelaugt wieder aus. Manchmal, am späten Vormittag, wenn die Kinder noch in den Klassenzimmern schmoren, sitze ich mit ein paar älteren Leuten allein im Bus. Aus der „alten Zeit", von der sie erzählen, droht allzu oft eine bloß noch „gute alte Zeit" zu werden. Haben sie verlernt, mit offenen Augen hinauszugehen, um das, was war, vergleichen zu können mit dem, was ist? Daß nicht alle Menschen zu Stubenhockern geworden sind, glaube ich gern. Sie bevölkern ja die Wege und Straßen derartig, daß ich mir manchmal wünsche, sie wären zu Hause hinterm Fernsehapparat hockengeblieben.
Ein paar Wörter, ein paar Satzfetzen hängen in der Luft: Bilder. Vielleicht Gedichtanfänge. Gedichtfunde sind wie das dünne Oktobereis der Mooraugen, das auf der Handfläche schmilzt oder wie der Ausblick vom Hirschenstein, der mit der Donauebene absäuft in der Nebelmilchsuppe. Gedichte sind Rindenbilder, die der Buchdrucker geschrieben hat, bunte Buchen-Merkblätter, die Erinnerung an das Rot der Vogelbeeren.

In der Küche bei Erwin Eisch. Das Telefon klingelt. Australien. Er spricht eine Weile. Englisch. Dann unterhalten wir uns auf Bairisch über das neue Feuerwehrhaus von Frauenau. Wieder klingelt das Telefon. Japan. Wieder Englisch. Danach wieder weiter auf Bairisch über das neue Feuerwehrhaus, auf das die Auerer – so nennt man hier die Frauenauer – sauer sind, weil es so teuer ist und andere Sachen viel dringlicher wären. Da ertönt, wie auf Bestellung, die Feuerwehrsirene. Aber das Telefon klingelt nicht mehr, so lange ich da bin. Den Stolz der Waldler *und* freundliche Weltoffenheit spürt man in der Familie Eisch. Sie lebt nicht hinter dem Mond und nicht *hinter da Breedawänd*.
Erwin Eisch arbeitet in diesen Tagen zum ersten Mal in seinem Leben an Selbstportraits. Farbige Köpfe aus Glas, verfremdet, verzerrt, irritierend. Gleichzeitig muß er Ausstellungen in Schweinfurt und Regensburg vorbereiten. Außerdem unterstützt er mit seiner Familie das „Bild-Werk Frauenau", eine „Akademie für Kopf-, Hand- und Kunstwerk", ein Künstler-Symposion.

Valentin Eisch reicht mir eine Glaspfeife, ein Glasbläserrohr, ich darf einen *Nabel* Glas heraustauchen und lerne gleich, daß ich die Pfeife drehen muß, damit mir das flüssige, glühende Glas nicht davonrinnt. Er reicht mir die *Rundschaar*. Damit zwicke ich die weiche Masse. Ich spüre, wie das Glas allmählich zäher wird. So bekomme ich ein bißchen Gespür für diesen Werkstoff.

Das Blasen ist eigentlich nicht besonders schwierig," meint Valentin Eisch, „man darf nur nicht zu lange warten, sonst wird das Glas zu dickflüssig."
Ich darf den abgekühlten Glasklumpen noch einmal in den Ofen tauchen, jetzt bleibt ein größerer Batzen hängen, ich muß die Pfeife schnell wieder drehen, hebe sie aber dabei zu hoch, so daß das flüssige Glas ein Stück an der Pfeife auf mich zurinnt, kann sie abstützen auf einer Eisengabel, im Dialekt *Fäijn* genannt, und weiter drehen, Valentin hilft mir. Mit dem nassen, hölzernen Wulgerholz rundet er den Glasklumpen, bevor wir ihn in ein Holzmodel oder eine Einblasform halten. Mit dem Abschlageisen klopft er auf die Pfeife. Das gläserne Etwas, das ich mit seiner Hilfe geschaffen habe, löst sich und kommt in den Aschkasten, wo es zwei Tage lang abkühlen muß.
Am Nachmittag besuche ich mit Erwin Eisch die Fabrikhalle. Dort arbeiten mehrere Glasbläser an der Herstellung von Glaspokalen. Dazwischen nimmt sich der eine oder andere die Zeit, mir die Geräte zu benennen und zu erklären: die Auftreibschere, *d Aaftreibschaar,* die Bodenschere oder *d Pitschn*, ein Henkeleisen, das Zwack- und das Abschlageisen, die Stielquetsche, die verschiedensten Quetschen und Schablonen . . .
Die Glasbläser arbeiten von sechs Uhr früh bis um zwei am Nachmittag. Dann werden von den Schmelzern die Öfen für den nächsten Tag präpariert.
Ein Handwerk wird ausgebreitet vor mir, ein Handwerk, das im Bayerwald leider immer mehr zurückgedrängt wird. Gibt es die Glasbläser bald nur noch im Museum als Touristenattraktion?
In der kleinen Galerie neben dem Glasmuseum Frauenau richten Gretel und Erwin Eisch neue Vitrinen ein. Eigentlich sind es alte Vitrinen. „Die Glasfachschule in Zwiesel hat sie ausrangiert", erzählen sie.
Mir fallen zwei der grellbunten Glasradierungen auf. Die leuchten zum offenen Fenster des Ausstellungsraumes hinaus, leuchten ganz Frauenau aus mit ihrer ungestümen Lebendigkeit.

Vom Freilichtmuseum Finsterau wandere ich zum Grenzübergang bei Buchwald *(Bučina)*, einem Dorf, von dem nur noch überwucherte Ruinen und verwilderte Obstgärten zu sehen sind. Von hier aus ist es nur eine Stunde Fußweg zur Moldauquelle. Die Moldau *(Vltava)* entspringt nicht weit hinter dem Lusen im Tschechischen, ein paar hundert Meter vom Ursprung des Reschbaches entfernt. Mit der Grenze habe ich auch die Wasserscheide Nordsee-Schwarzes Meer über-schritten. Früher stiegen drüben von der Nordsee kommend die Lachse auf zu ihren Laichplätzen in Moldau und Wottawa *(Otava)*. Auf der bayerischen Seite gab es nie Lachse. Dort standen die Huchen, von denen in der Ilz auch heute ab und zu noch ein paar auftauchen.
Der Flößerei wegen hat man in den beiden zurückliegenden Jahrhunderten versucht, diese Wasserscheide mit Kanalsystemen zu überwinden. Zwei Beispiele sind der Kreuzbachkanal nach Frauenberg über Duschlberg und der Schwarzenberger Schwemmkanal. Die Ilz ist neben der Mühl und dem Regen der zweitgrößte Fluß, der vom *Wald* aus zur Donau hinsucht. Sie überwindet vom Rachelsee aus mit ihren 65 km Länge einen Höhenunterschied von 780 Metern. Zwei ihrer Quellflüsse, die Mitternacher und die Große Ohe verbünden sich bei Öttlmühle mit der Kleinen Ohe. Von da an heißt sie erst Ilz.
Wie das Kind, das ich einmal war, streune ich während der nächsten Tage an der Ilz entlang durch die Wildnis, bis ich vor lauter Grün, zwischen Blutweiderich, Mädesüß, Beinwell, Brennesseln und Sumpfkratzdisteln eine ungeheuere Lust auf eine Stadt bekomme: Passau.

Der Lusengipfel mit den Ostalpen bei Sonnenaufgang ...

... und mit dem Blick in den Nationalpark Šumava nach Osten

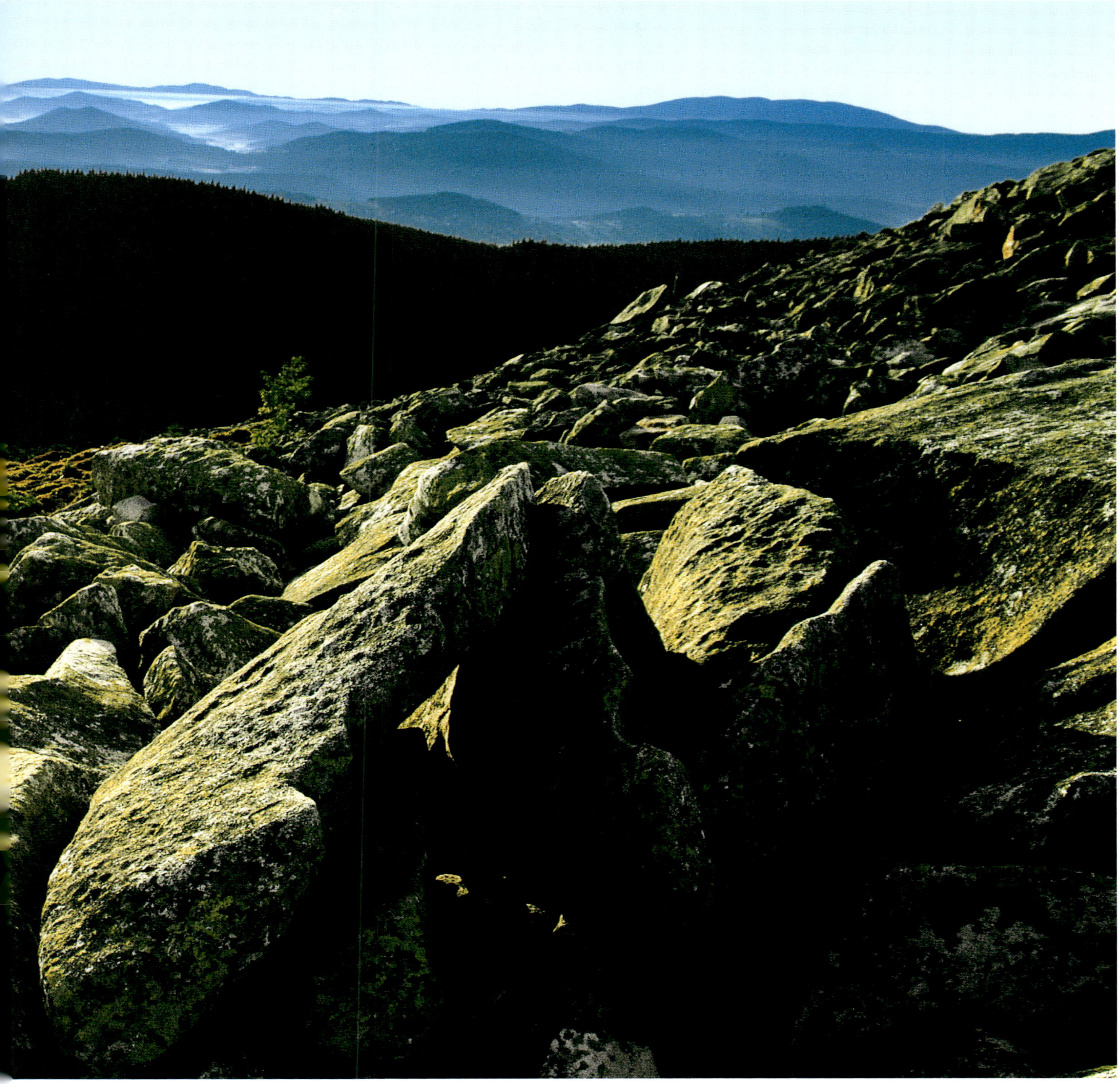

Felsgipfel bei Bischofsmais

Quarzfelsen auf dem Hennerkobel bei Rabenstein

Landkartenflechte auf dem Zwercheck

Der Wackelstein bei Solla

Wollsackfelsen am Dreisessel

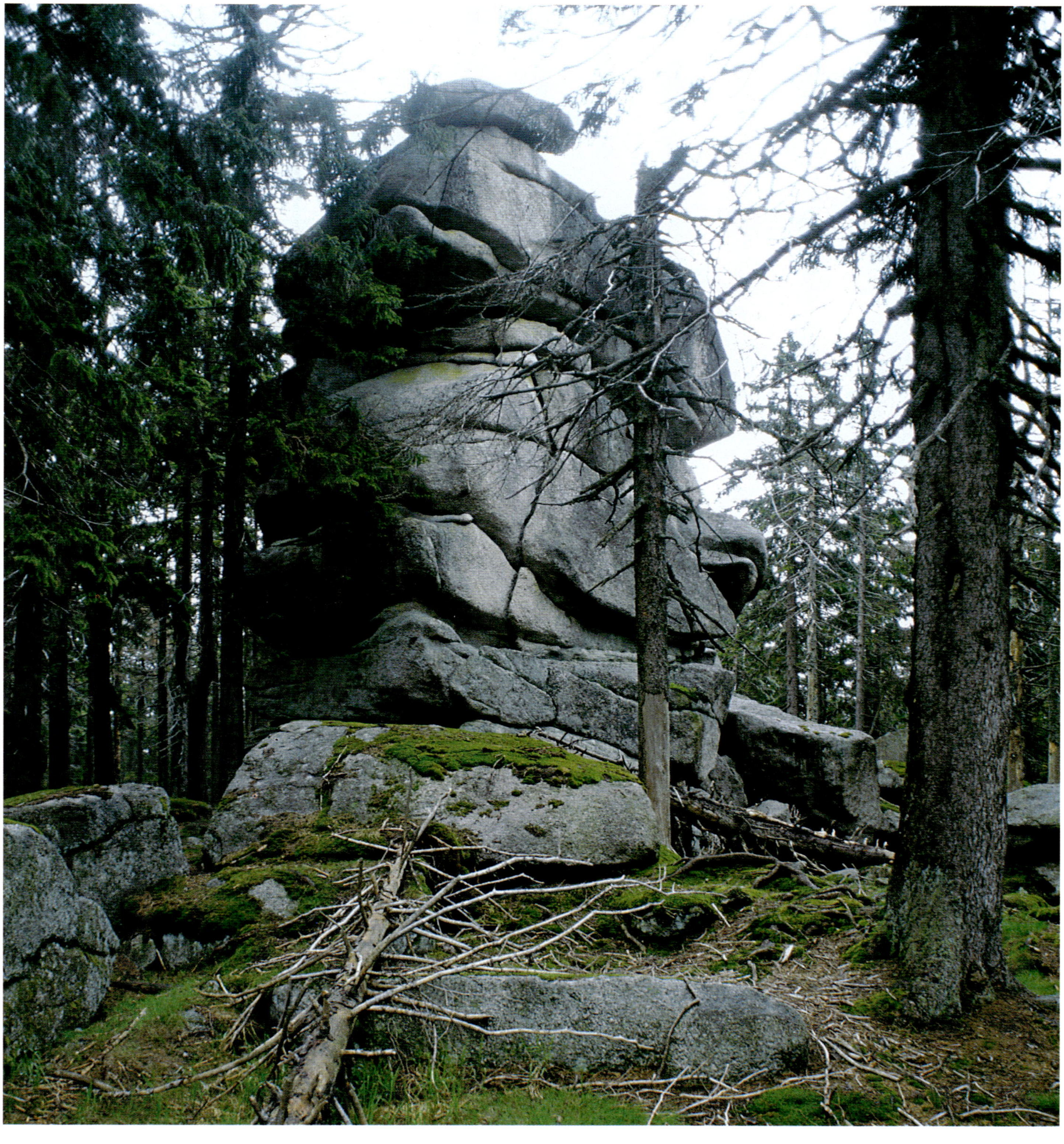

Über die Felsen des Bayrisch-Plöckenstein
verläuft die Grenze

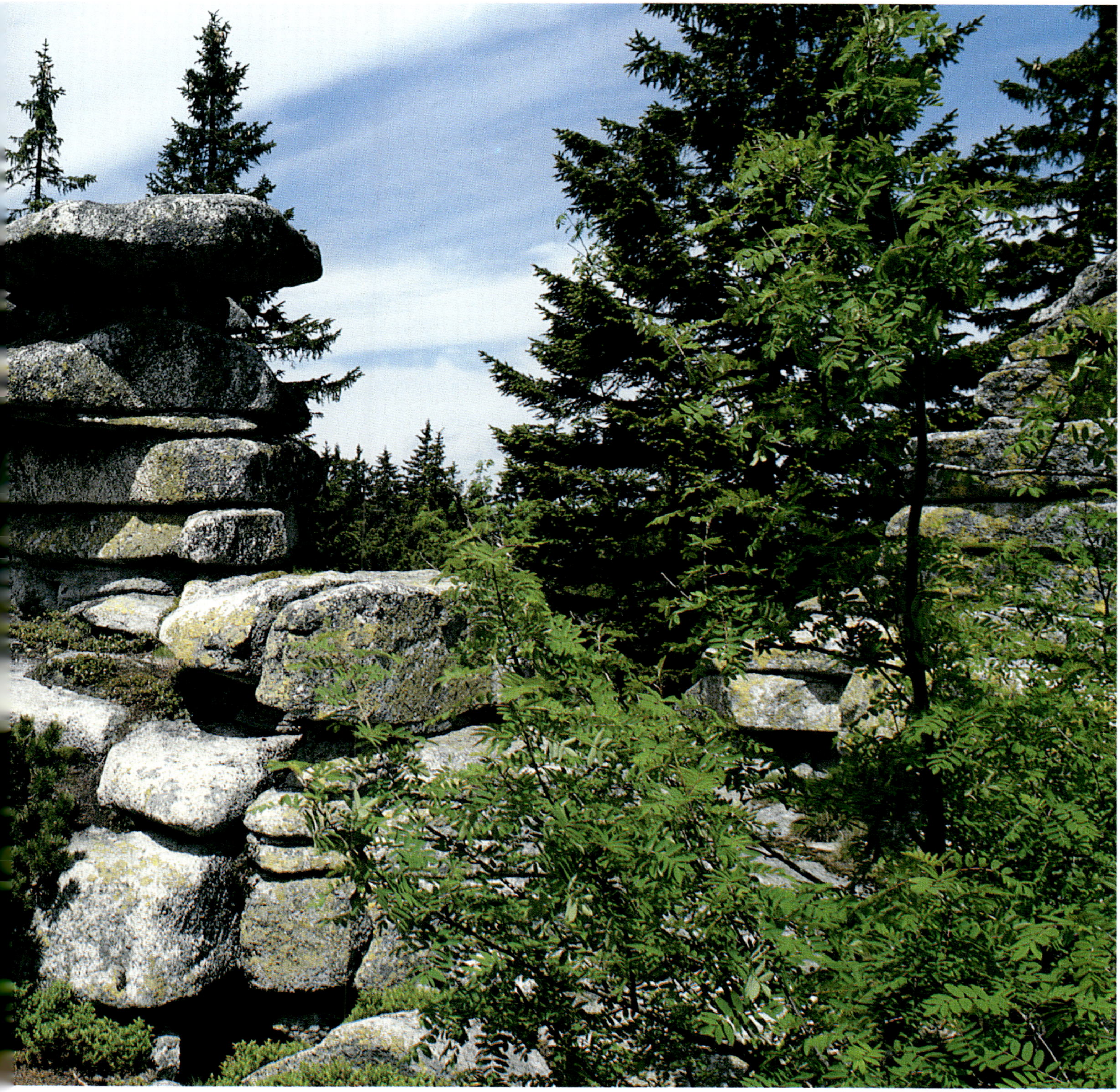

Die Arberseewand im Spätherbst . . .

... und im Winter

Der Kapplhof im Freilichtmuseum Finsterau

A halberts Jahr Winter, und a halberts Jahr kalt

*„Erst Kultur stattet die Natur mit Metaphern aus, füllt sie mit Bildern,
die das 'Natur' genannte für immer neue Erfahrungen zugänglich machen.
Wir können Natur ohne Kultur nicht denken."*
Konrad Köstlin

Schönau bei Viechtach

Die Steinbruchbetriebe stehen heutzutage unter starkem wirtschaftlichem Druck. Indischer und portugiesischer Granit ist trotz der hohen Frachtkosten billiger als der bayerische.
Früher war das Leben hier im Wald noch viel härter, so hört man es oft. Und das stimmt wohl auch. Andererseits, wer heutzutage in einem Steinbruch mit Sprengeisen, Schlageisen, Spitzeisen und Preßlufthammer dem Fels Granitrandsteine und Katzenkopfpflastersteine abringt, der weiß am Abend auch, was er getan hat. Man kann ja kaum begreifen, welche Felsenriesen Menschen mittels kleiner Federkeile in gerader Linie spalten können. Die granitenen Grenzsteine, Tür- und Fensterstürze, die Häuser und Kirchen in Hauzenberg, Waldkirchen, Freyung und überall hier in der Gegend zeugen mit ihrem Sichtmauerwerk von exakter Steinmetzarbeit. Daneben schaut eine natürliche Touristenattraktion wie das Monstrum von einem Wackelstein, nahe Solla bei Schönberg, ganz schön alt aus.

Werkzeuge, immer wieder Werkzeuge. Über und über sind die Waffen-Christi-Kreuze, auf die man hier im Bayerischen Wald häufig trifft, mit Werkzeug behängt. In Neidberg betrachte ich mir so ein Kreuz genauer: Hämmer, Spieße, Sägen, Zangen, Messer, Leitern. Lauter Handwerkszeug, mit dessen Hilfe der Gottessohn gemartert worden ist. Alles Werkzeug, das man heute in jedem Katalog findet und in jedem Baumarkt kaufen kann. Aber jene, die gerufen haben: „Kreuzige ihn!", von denen gibt's auch heute noch genug. Jeder Mensch kann zum Werkzeug werden. Jedes Werkzeug kann Waffe sein. Jedes Werkzeug kann aber auch einem friedlichen Handwerk dienen. Bagger, Bulldozer, Kettensägen haben unsere Umgebung und unser Leben verändert. Werkzeuge erzählen von denen, die sich ihrer bedienen und von dem, was sie ausrichten oder anrichten.

Am Frauenauer Trinkwasserspeicher bekommt man im Herbst bei Niedrigwasser einen Eindruck davon, wie mächtig Menschen mit Hilfe ihrer Werkzeuge und der Maschinen werden können.
Achtung, Osser, Arber, Falkenstein, aufgepaßt! Die Bulldozer werden größer und ihr werdet kleiner und kleiner. Holz zu Holz, Stein zu Stein, Sand zu Sand. In Ewigkeit. Amen.

Im Waldmuseum in Zwiesel unterhalte ich mich eine Weile mit dem Mann, der die Eintrittskarten verkauft. Er erzählt von den Erwartungshaltungen, die Autoren, Fernseh- und Rundfunkleute oft mitbringen, wenn sie ins Museum kommen, um sich zu informieren. Was wollen sie sehen: am besten schon vor dem Museum einen holprigen, staubigen Weg, daneben eine Bank mit einem alten, pfeiferauchenden Wurzelsepp und zu dessen Füßen einen zahnlosen Hund. Das wollen sie bestätigt haben: der arme Waldler in einer Welt hinter den sieben Bergen oder wenigstens hinter der Bretterwand. Und die Bretterwand muß unüberwindlich aussehen. Und filmen muß man sie können. Und es darf ja kein Starkstrommasten dahinter hervorspitzen. Sie kommen uns doch bekannt vor, die Fotografen, die mit akrobatischen Verrenkungen störenden Betonpflastersteinen, Reklameschildern und Transformatorhäuschen ausweichen, stets auf der Suche nach einem idyllischen Motiv im Querformat: Ein morsches Totenbrett schräg über den Wurmfarn gesunken. Das wär's doch! Und das Haltestellenschild, das Wartehäuschen und der Wegweiser müssen weg! So kann man die Welt zwar nicht verbessern, aber doch wenigstens verschönern.

Es gibt viele Möglichkeiten, sich zu kleiden und zu verkleiden. Die engen, strengen Modevorschriften verlieren mehr und mehr an Bedeutung. Meint man. Artenvielfalt kann entstehen, meint man und denkt an den natürlichen Wald. Betrachtet man sich aber die Passanten genauer, so wird man wiederum schnell uniforme Merkmale in ihrer Art sich zu kleiden entdecken. Ich sitze auf dem Stadtplatz von Waldkirchen. Wie gut, daß man es geschafft hat, die Autos aus dem Ortskern zu verbannen. Hier kann gelebt werden. Menschen gehen, rennen, stolzieren, schlendern vorbei. Die wenigsten tragen Trachten oder Uniformen. Touristen, Gleiche unter Gleichen, tragen modischen Welt-Freizeit-Look, viel Buntscheckiges, viel Kühnes, das kaum noch etwas Besonderes hat. Da fällt mancher Einheimische schon eher auf. Nicht nur die Jüngeren machen auf sich aufmerksam – nicht, weil sie so ganz andere Sachen anzögen: Die Kombination der Kleidungsstücke bringt es. Sie heben sich deutlich ab von allem, was irgendwie nach Tourist aussieht. Fremde in einer Reisegruppe werden sie anderswo, wenn sie in den Urlaub fahren: nach Bibione, München oder nach Weiß-der-Teufel-wohin.

Hier zuhaus sind die Einheimischen die überlegenen Individualisten. Ein Mann mit Cowboystiefeln und Baskenmütze, verwegener, schleifender Gang, wenig später einer, der seine Anzugjacke mit den Turnschuhen und einem Gamsbarthut kombiniert, oder dann das Mädchen mit den roten Stöckelschuhen und dem Käppchen aus den Zwanziger Jahren, das gehörte vielleicht einmal zum Gewand der Urgroßmutter . . . Gedanken, die mich sogar noch einen Tag später beim Wandern überholen und überrunden: Indianerfilme fallen mir ein. Nach den Auseinandersetzungen oder Tauschgeschäften mit den Weißen brachten die Rothäute Beutestücke nach Hause, nicht nur Skalps, auch Hüte, Hosenträger, Jacken aus anderen Welten und Zeiten. Auch das kann Freiheit bedeuten. Oder wie die Fußballer, die nach dem Spiel die Trikots tauschen, oder die Kinder, die die Kleider der Eltern anprobieren, Rollentausch der Geschlechter mit Spaß an der Travestie, vielleicht gar einem Anflug von Erotik. Aber die Bäuerin Johanna Schillinger widerspricht mir und erzählt, daß sie Verwandte in der Stadt und sogar in Amerika hätten. Aber was sich die vorstellten, sie brächten oder schickten ihre abgetragenen Sachen. „Aber des ziahng ma do mia net o aaf da Straß, mia mengand do aaramoi wos neis!" Und weil sie die Verwandten nicht beschämen will, sagt sie ihnen das nicht. Die amerikanischen Sportjacken und Sommerkleider, die Schuhe aus der Stadt, die vielleicht vor zehn Jahren einmal modern waren, all das ziehen sie zur Stallarbeit an, zum Ausmisten und zum Einstreuen.

Berge, Wälder und Wiesen verkleiden sich nicht. Sie verändern ihr Aussehen mit den Jahreszeiten. Hier oben in Waldhäuser beginnt der Frühling spät, zögerlich, und im Herbst fällt der Winter schon bald, hastig, über die Waldbuckel her. Nicht umsonst heißt es: *A halberts Jahr Winter und a halberts Jahr kalt.* Der Lusen hat schon seine weiße Schlafmütze auf. Die Blöße der toten Bergfichten wird gnädig verdeckt. Ich verabschiede mich von Hajo Blach, dem Maler, und seiner Frau Evi, deren Haus sich unterhalb von Heinz Theuerjahrs Atelier in den Hang duckt. Wie ein afrikanisches Ornament drängen sich gelbe Monstera-Blätter ans Fenster des verwaisten Theuerjahr-Hauses. Dahinter meine ich den Schatten einer Skulptur zu erkennen. Mich friert es. Ich suche das Weite. Unten im Donautal haben sie noch Herbst. Ich werde bald wiederkommen – vielleicht als Wintergast mit Langlaufskiern.

Böhmerwaldhaus in Waldhäuser

Bauernhof zwischen Wettzell und Sackenried

Waldlerhaus in Datting im Lallinger Winkel . . .

. . . und in Sommerau im Lamer Winkel

Das Sachl aus Rumpenstadl in Finsterau

Waldlerhaus im Zellertal

Bauerngarten am Petzi-Hof in Finsterau

Die Schwarze Madonna in der Wallfahrtskirche von Neukirchen beim Hl. Blut

Wallfahrer aus Tschechien in chodischer Tracht

Der Rothaumühlhof im Bauernhausmusuem in Tittling

Flurkreuz bei Prackenbach

Waffen-Christi-Kreuz in Tittling

Kreuzigungsgruppe bei Sackenried

An einem Bauernhaus
im Museumsdorf Bayerischer Wald

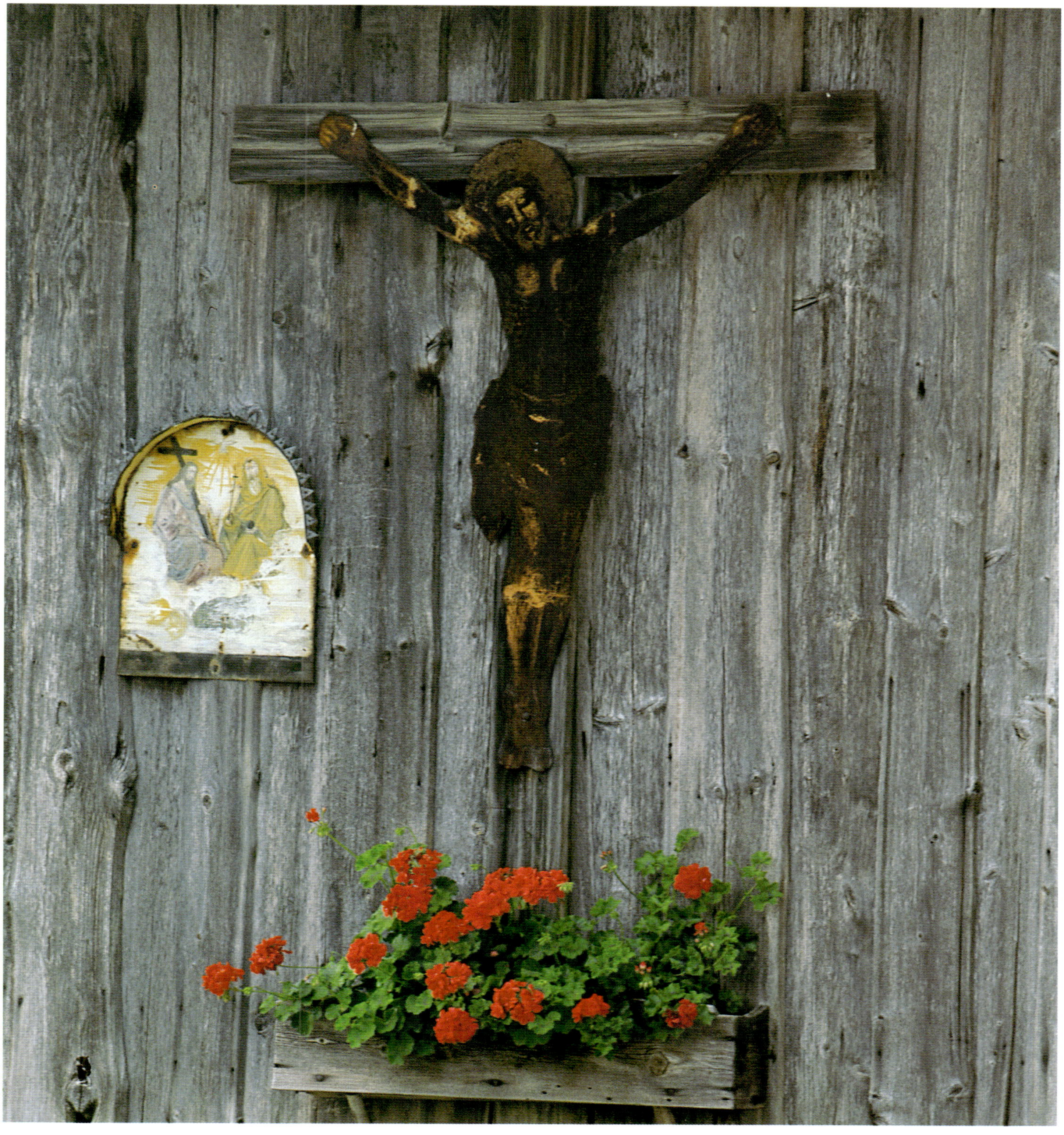

Totenbretter bei Kirchberg . . .　　　　　　　　　　　　. . . und in Busmannsried

Zwischen Arnbruck und Thalersdorf . . .　　　　　　　. . . und an der Kapelle im Bauernhausmuseum in Lindberg

Zu wenig Hunger, zu wenig Zeit

Verlassener Bauernhof bei Neunußberg

Vor einem verlassenen Bauernhaus in Buchaberg bei Windberg

Die Gläserne Scheune in Raubühl bei Viechtach

Kein Himmel ohne Wolken

„*Ein Wanderer kann in ein paar Tagen so viel erleben, daß er Wochen braucht,
um alles zu verarbeiten, und wenn man ihn dann bei der Heimkunft fragt, ob es denn nicht schön gewesen
sei, weil er schon zurückkehre, so fühlt er sich zum mindesten verkannt.*"
Hans Carossa

Der Vogl Heinrich von Traidersdorf

Pfingstmontag in Kötzting. Alle Straßen sind dicht für die Autos. Heute haben Rösser und Reiter den Vorrang. Wir wollen die Pfingstreiter sehen, wandern ihnen auf einem Waldweg von Arnbruck aus durchs Zellertal entgegen. Am Waldrand ergeben sich ab und zu Ausblicke zum Kirchturm von Steinbühl, dem Ziel der Pfingstreiter. Dort wird eine Messe stattfinden und Mensch und Tier werden den Segen erhalten. Von seinem Ursprung her handelt es sich beim Pfingstritt wohl um den alten Brauch des Flurumrittes. Wie bei vielen ähnlichen Veranstaltungen, bei denen der Anlaß längst in Vergessenheit geraten ist, rankt sich um die Entstehung eine Legende. Ein Bauer in Steinbühl sei sterbenskrank gewesen. Der Pfarrer aus Kötzing habe ihn noch in der Nacht besucht, um ihm die Sterbesakramente zu geben. Etliche Burschen hätten ihn begleitet und gerettet, als er auf dem Heimweg von Räubern überfallen worden sei...

Am Ortsrand von Steinbühl wird die Wanderung schwierig. Wir müssen uns an Autos vorbeizwängen. Eine Menschenmenge begleitet uns. Landrover mit Viehanhängern blockieren den Weg. Auch sie warten auf Reiter und Pferde. Und Fußvolk, viel Fußvolk, das die Autos draußen vor dem Ort abstellen hat müssen. Wir suchen uns am Fuß des Kirchhügels einen Zuschauerplatz. Am Straßenrand zwischen all den anderen Menschen richten wir uns zum Bleiben ein. Gegenüber an der Bushaltestelle, werden Souvenirs verkauft: Hufeisenrohlinge als Rahmen für Pferdefotos. Und auch sonst rührt sich was. Die Leute sind fröhlich, fast ausgelassen. Ein paar Kinder spielen auf der Straße Fangen. Ein Notarztwagen ist zu hören. Wenig später landet ein Rettungshubschrauber.

Durchs Funksprechgerät erfährt ein Sanitäter was los ist. Eine Frau hat mitgehört und faßt es laut trompetend für die Umstehenden zusammen. „Dauert no a bisserl! Zammagstaangelt hots oan! Herzkasperl wahrscheinlich!"

Dann der Lärm des startenden Rettungshubschraubers. Das orangerote Ungetüm hebt sich über die Bäume hinweg und verschwindet bald in der Ferne. Wenig später trifft an der Spitze des Zuges die Blaskapelle ein und dahinter die Reiter, die in gleichmäßig getragenem Ton dem Vorbeter das Gegrüßt-seist-du-Maria nachbeten. Pferdeschnauben. Wiehern. Hufgetrappel. Und wieder Gebete: *O Herr, der du uns die Früchte der Erde segnen und erhalten wollest...*

Bilder, Geräusche und Gerüche aus einer anderen Zeit, einer fernen Zeit, schmecken herein in den späten Vormittag. In den Sätteln Männer in Tracht, Greise und kleine Buben sind darunter. D' Weiberleit dürfen beim Ritt nicht mitmachen.

In der Kirche liegt ein Zettel über die Ehrungen für Pfingstreiter. Einer ist heute das 60. Mal dabei. Jetzt begreife ich erst, warum so viele ganz kleine Buben zu Pferd auf dem Weg sind. Zurückreiten müssen sie nicht mehr. Die Urkunde fürs Dabeigewesensein gibt es schon für den Hinweg. Viele der Pferde würden den Rückweg wohl noch schaffen. Aber die Reiter! So werden die Stuten und Hengste auf den Parkplatz unterhalb des Friedhofs in die Viehanhänger geführt.

Und die Trachtler-*Manna* und -*Buam* und auch ein paar Frauen – Autofahren dürfen sie nämlich schon – klemmen sich hinters Steuer und setzen hunderte von Pferdestärken unter den Kühlerhauben in Gang, denn die Pferdestärken hinten im Wagen wollen ja auch gezogen werden. Wie Rücklichter leuchten die roten und weißen Papierröschen auf den Pferdehintern. Würden die Urgroßväter auferstehen, müßten sie staunen über die verkehrte Welt, in der die Pferde im Wagen spazieren gefahren werden. Aber ein stattliches Häuflein von Reitern verläßt doch die Wiesen wieder zu Pferd und macht sich gemächlich auf den Rückweg nach Kötzting.

Jetzt, da sie alle näher beieinander stehen, fällt es erst auf, daß einige der mächtigen Gäule von den anderen ferngehalten werden müssen. Einer der Reiter erklärt es mir. Mit so einem Hengst, der zum Decken zugelassen ist, sei eben nicht zu spaßen. Da müsse man gewaltig auf Draht sein. Schon ein kurzer Seitenblick zu einem Zuschauerfräulein „ko zvui sei, und's Roß geht ma durch." Und mehr als Schauen ist auch für den Hengst nicht drin, und wenn die Stuten noch so verführerisch wiehern. Eine halbe Stunde später liegen nur noch ein paar einsame Pferdeäpfel auf dem Asphalt.
Den Rössern begegne ich in den folgenden Monaten überall auf den Koppeln des Bayerwaldes. Manche scheinen mich als Verbündeten anzuerkennen, als wüßten sie, daß ich den Imbißstand mit den Deggendorfer Roßwürsten, der nach dem Leonhardi-Ritt in Furth im Wald aufgebaut war, ihnen zuliebe boykottiert habe.

Ein Kurzbesuch bei einem Drachen kann nicht schaden, sagte ich mir und dachte dabei nicht etwa an einen Besuch im Land der Märchen und Sagen. Nach Furth im Wald zog es mich. Im Fremdenverkehrsbüro zeigte man mir den Weg. Wenn der Drache gerade keine Vorstellung hat, haust er in einer Art Garage. Dort kann er, gegen Entgelt versteht sich, aus allernächster Nähe besichtigt werden. Zuerst geht jeder einmal um das Viech herum. Achtzehn Meter ist es lang. Dann erzählt ein Kassettenrekorder Geschichten zur Geschichte des Drachenstiches: daß er einmal Teil der hiesigen Fronleichnamsprozession gewesen sei und, daß ein Pfarrer ihn im 19. Jahrhundert verboten hätte, weil die Leute nicht mehr wegen des Allerheiligsten zur Prozession gekommen wären, sondern wegen des Schaukampfes gegen das Untier.

Aber die Bürger hätten sich vor dem Pfarrhof zusammengerottet, dem Pfarrer die Fenster eingeworfen und ihm mit dem Erschießen gedroht. Der Geistliche hätte damals nachgegeben, aber verlangt, daß das Drama des Drachenstichs deutlich abgetrennt am Ende der Fronleichnamsprozession stattzufinden hätte.
So stahl das Spektakel dem Allerheiligsten zwar nicht mehr die Schau, entwickelte sich aber zu einer eigenständigen Einrichtung. Und die Nachfrage wurde so groß, daß jährlich mehr und mehr Aufführungen notwendig waren. Die Fronleichnamsprozession findet seither in aller Ruhe und mit der nötigen Andacht statt. Aber nur einmal im Jahr.
Nach diesen Erklärungen sind wir Besucher ganz scharf drauf, den Drachen in Aktion zu erleben. *Röngu-röngu-röngu-röngu.* Der Motor in seinem Bauch hustet, spuckt und springt nicht gleich an. Nach dem dritten Anlauf aber klappt es. Das Urviech wackelt drohend mit dem Kopf. Es rollt mit den Augen. Es speit Flammen und brüllt ganz ganz wild. Ich bin froh, daß ich vorn beim Kopf stehe. Hinten am Schwanz, was kann man da schon mitbekommen?
Bei der Weiterfahrt in Richtung tschechische Grenze nach Taus *(Domažlice)*, sehe ich noch mehr von diesen Rauch speienden, brüllenden Ungetümen. Eine kilometerlange Schlange, eines hinter dem anderen: nichts als Lastwagen. Wieder arbeite ich mich nach vorn, zum Kopf dieses rauchenden, fauchenden Reptils. Am Übergang werde ich ebenso zügig abgefertigt wie bei der Drachenbesichtigung in Furth und fahre weiter nach Taus zum Chodenmarkt, wo mir Bäuerinnen mit grellbunten Gewändern ihre Waren anbieten, als wüßten sie nicht, daß ich es mit den Drachen getrieben habe.
Tage später zeigt mir Wolfgang Bäuml in einem Terrarium des Eisenmannhauses eine Kreuzotter. Er hat sie tags zuvor gefangen. Ein elegantes, schlankes Tier, grau, mit schwarzem Zickzackmuster. Nichts, aber auch gar nichts hat es von einem gefährlichen Lindwurm.

Der Drachenstich in Furth im Wald

Englmarisuchen am Pfingstmontag in St. Englmar

Alljährlich im August, das Säumerfest in Grafenau

Palmweihe in Steinbühl im Zellertal

Der Kreuzträger Willy Schedlbauer,
seit über 50 Jahren beim Pfingstritt dabei

87

Die Holzhauer Max Schwarz und Christian Blechinger beim Fällen eines Käferbaumes

Waldarbeit mit der Harvester Vollerntemaschine

Zwei Glasmacher arbeiten an einer Glasskulptur, 1000 Grad heißes Rubinglas wird auf den Grundglaskörper aufgeschnitten

Michael Weber beim Anschmelzen einer Bodenplatte an den Kelchstiel

Der Steinhauer Ludwig Schmid aus Hauzenberg beim Setzen der Federkeile

Im Steinbruch Kusser bei Hauzenberg

Der Falkensteiner Vorwald, Blick über die Burgkapelle auf die Wallfahrtskirche Marienstein

Wer den Stein nicht heben kann, der muß ihn wälzen

*„Die Natur wiederholt sich nicht.
Wenn ich mich an sie halte, ist die Gefahr, mich zu wiederholen, geringer..."*
Heinz Theuerjahr

Der Große Falkenstein im Zwieseler Winkel

Wolframslinde wird die Baumruine in Ried bei Kötzting genannt. Ich stehe an der Absperrung, die zum Schutz des Naturdenkmals angebracht werden mußte. Reste eines mächtigen Stammes sind noch zu sehen. Er ist hohl. Aber aus der rissigen Rindenhülle wuchern kräftige Astarme. Die recken sich weit heraus. Die Stammhülle könnte sie nicht tragen, wären nicht ringsherum eiserne Stützen angebracht. Der Baum ist ein Pflegefall. Aber er lebt. Über tausend Jahre soll er alt sein. Das muß jedem Ehrfurcht einflößen. Ein Omnibus hält gegenüber auf dem Parkplatz. Stimmengewirr.
Ich lasse den Reisenden den Vortritt. Viele kommen hier auf der Durchreise vorbei. Manche staunen. Manche machen Witze, wie sie halt in Reisegruppen gemacht werden: „Werd du mal so alt, bin gespannt, wie du dann dastehst!" Den Baum berührt das nicht. Er lebte und lebt in anderen zeitlichen Dimensionen. Den Schaulustigen wird er bald langweilig. Der Minnesänger Wolfram von Eschenbach soll schon hier gestanden haben. Ob er sich auch gelangweilt hat?

Plakat auf Plakat, immer wieder neue Plakate über die alten Fetzen auf einer Stadelwand am Dorfrand:
Die Schürzenjäger - Openair Tour 97- Hundsbuam miserablige - fangfrische Forellen - Das Rimbacher Räuber-Heigl-Spiel - Take a walk on the wild side - Bayerwald-Tierpark Lohberg - The Bellamy Brothers - Holzschnitzerein - Joschka Glas - Alte Klosterarbeiten Volkskunst einst . . . Auch das ist Kultur.
Alte Ankündigungen für Diskoveranstaltungen, Volkswandertage und Bayerwaldmodenschauen werden von neuen Ankündigungen für Diskoveranstaltungen, Bauerntheateraufführungen und Bayerwaldmodenschauen überklebt. Irgendwann heften sie die Plakate woanders an, und diese Stadelwand wird zu einem Denkmal der Vergänglichkeit. Vergessene Plakatfetzen, rostige Reißnägel, verbogene Tucker-Klammern und dazwischen bleckt silbern das geduldige, brave Holz.

Meine schlesische Oma Helene Wuttke wohnte in den Fünfziger Jahren in der Mietskaserne im zweiten Stock in der Altstraße 22 am Nordrand Deggendorfs. Dahinter begannen am Fuße des Ulrichsberges die Wiesen, die Felder, die Wälder und unsere Familienausflüge.
Die Straße nach Regen, Zwiesel und Eisenstein führt vorbei an der Kaserne des Bundesgrenzschutzes und den Wohnblöcken. Sie kroch damals durch eine granitene Unterführung der nie fertig gestellten Trasse der Reichsautobahn Regensburg-Passau. Dort sammelte meine Großmutter Blätter und Blüten für ihre Wald- und Wiesenteemischung und ich Blumensträuße für Geburtstage oder Muttertage. Auf dem Weg zum Ulrichsberg habe ich das erste Mal in meinem Leben Pechnelken wahrgenommen. Dort schnitzte ich mit meinem ersten Taschenmesser Pfeile für meinen Haselnußbogen, mit dem ich alles, was sich bewegte, als Trapper, Indianer oder Urwaldmensch unerbittlich verfolgte. Diese Welt wollte ich mir untertan machen. Ich war einer der ersten Siedler hier im Bayerischen Wald. Ich stellte mir vor, ich lebte hier vor 1000 Jahren. Daneben gab es noch andere Ereignisse: Das Rusel-Bergrennen zum Beispiel. Ich erinnere mich an den Menschenauflauf und den Lärm der Motoren und an den eigentümlichen Geruch des Benzinsgemisches. Das war für mich als Kind auch ein Stück Bayerischer Wald, ebenso wie die Ausflüge mit Eltern und Verwandten nach Bayerisch Eisenstein. Dort bestaunten wir im Bahnhof regelmäßig den Eisernen Vorhang, der sichtbar mitten durchs Bahnhofsgebäude führte.

Draußen der Schlagbaum, das Ende einer Straße, das Ende unserer Welt. Das war die erste Grenze, die ich in meinem Leben zu Gesicht bekam, einer damals unüberwindlichen Grenze, die heute wie durch ein Wunder so harmlos geworden ist wie ein Gartenzaun. Und der erste richtige Berg, auf dessen Gipfel ich stand, hieß Arber. Einmal fuhren wir sogar mit dem Sessellift hinauf. Des öfteren besuchten wir das Wirtshaus am Großen Arbersee. Ich bekam eine gelbe Bluna-Limonade und manchmal sogar ein JOPA-Eis in der Waffel. Auch spätere Ausflüge mit den Tanten Ilse, Friedel und Lenchen, mit den Onkels August, Wolfgang und Julius führten immer wieder zum Arber. Dieser Berg schien alle auswärtigen Verwandten wie ein Magnet anzuziehen. Auch heute rückt dieser, mit 1456 Metern höchste Gipfel des Bayerischen Waldes, ins Zentrum der Aufmerksamkeit, erkennt man ihn doch von weither an den Gebäuden der Radarstation, diesen beiden Betonwarzen, die sein Antlitz seit 1981 so unverkennbar verhunzen.

Welche Wurzeln haben die Berge – tiefe steinerne Wurzeln. Wer sollte sie der Erde entreißen. Um Zwiesel herum hat vor Jahrhunderten einmal der Goldrausch gewütet, noch heute finden sich merkwürdige Hügel an den Bächen entlang. Abraumhalden der Goldwäscher aus dem Spätmittelalter. Auf der Suche nach Seifengold häuften sie Schuttberg neben Schuttberg an. Wie soll ich mir diese Goldsucher vorstellen? Bärtige Gesellen, wüste Kerle, Trunkenbolde, wie ich sie in Charly Chaplins Film gesehen habe, oder eher wie Manager einer kanadischen Firma, die heute auf tschechischer Seite im großen Stil dem Gestein mit einer verdammt giftigen Chemikalie namens Zyanid Gold abringen will.

Dem *Wald* drohen immer wieder von verschiedensten Seiten Gefahren. Seine Bewohner müssen sich mehr und mehr darin üben, sich zu wehren, wenn ihnen ihre Heimat nicht nur teuer sondern auch lieb ist.

Als ich das erste Mal nach Venedig reiste, der Zug die Alpen hinter sich ließ und ins offene Land hineinfuhr, hatte ich nicht etwa eine Vorstellung von Sonne und Mittelmeer. Vielmehr sah ich mich aus dem Vorwald nach Hengersberg hinunterwandern. Der Bayerische Wald war und ist die Landschaft, mit der ich Maß nehme. Gerade der Übergang vom Wald in die Ebene hat es mir angetan. Ich nenne es für mich „mein Italiengefühl", das mich immer wieder einholt, wenn ich von Miltach über Konzell und Haibach nach Straubing spaziere, wenn ich mich vom Brotjacklriegel, vom Hirschenstein oder von der Burg Brennberg kommend aufs Donautal zubewege. Schon der Blick von einem dieser Berge aus, wenn ihn das Wetter nur einigermaßen zuläßt, kann dieses Gefühl wecken. Das hat viel mit Weite, mit Freiheit und Durchatmen zu tun. Und jede Rückkehr in den *Wald* ist mit dem Gefühl der Rückkehr ins Geschützte und in die Geborgenheit verbunden, auch wenn es nicht immer eingelöst werden kann.

Aus Aussichten können Einblicke werden, aus Überblicken Einsichten und aus Rückblicken Rücksichten. Erinnern heißt das Gesammelte sichten, Geschichten, Erlebnisse, Eindrücke. Müde vom langen Weg, schaut einer von seinem Aussichtspunkt zurück und sammelt neue Kräfte.

Es sind schon etliche Schindeln herausgebrochen aus dem *Grünen Dach Europas*. Unser Dach wird löchrig. Wie hat es dazu kommen können, und wie machen wir weiter? Fragen stellen sich, die weit über diese Region hinausreichen. Unter der dünnen Humusschicht im granitenen Keller Europas rumort es.

Der Bogenberg mit der Wallfahrtskirche über der Donau

Kloster Niederaltaich mit den Bergen des Bayerischen Waldes bei Deggendorf

Bayerwaldlandschaft bei Windberg - Hl. Kreuz

Blick von Oberfrauenau über den Zwieseler Winkel

Das Felsmassiv des Richard-Wagner-Kopfes
am Großen Arber

Wintertag am Arber

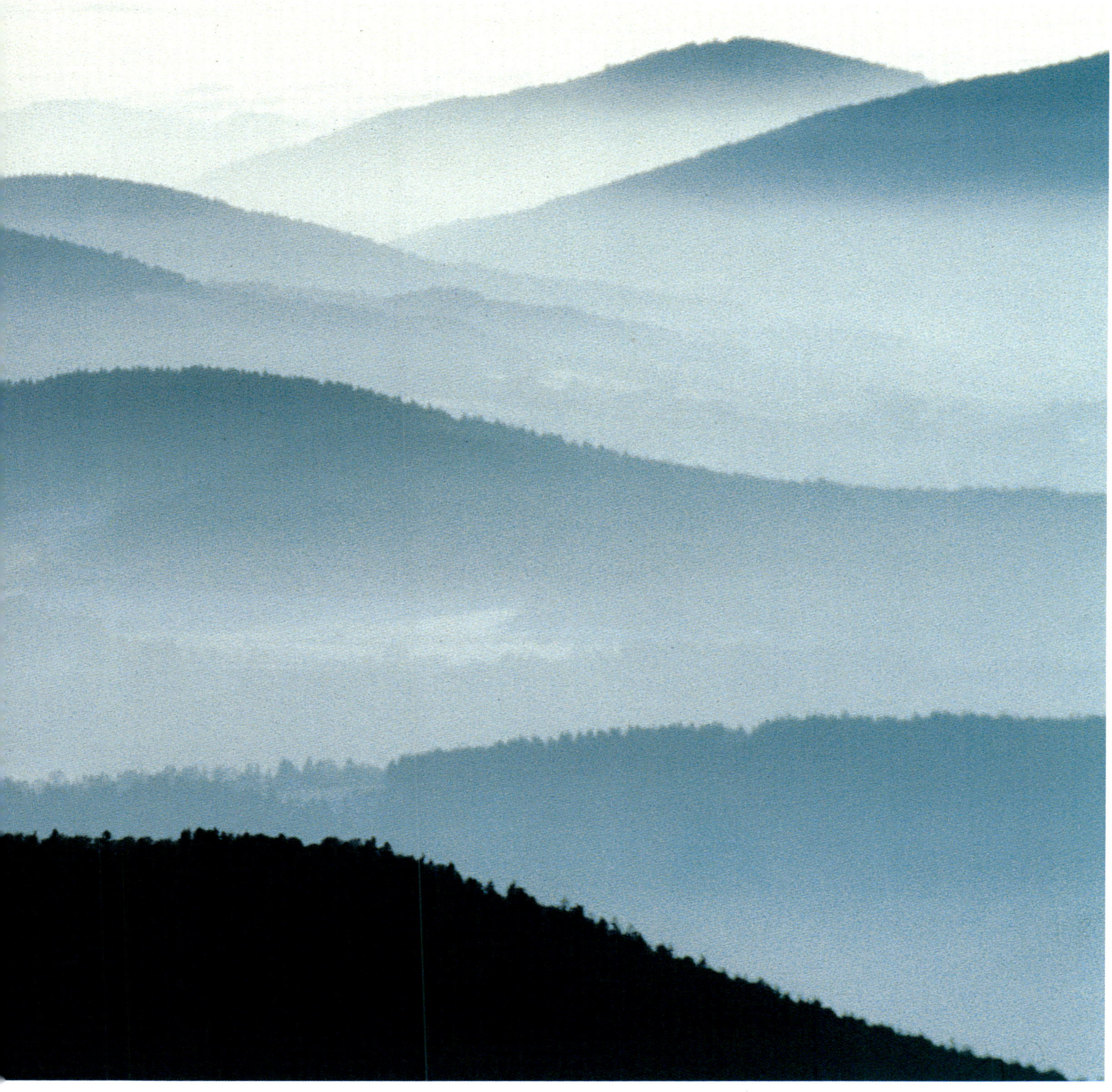

Blick von den Grenzfelsen des Künischen Gebirges zum Kleinen Osser

Erster Schnee auf den Ossergipfeln

Der Rachel von Waldhäuser aus

November am Rachelgipfel

Die Arberkirchweih bei der Kapelle unter dem Seefelsen

Arbergipfel mit Radarstationen

Blick vom Richard-Wagner-Felsen
zum Seefelsen am Großen Arber

Die Bildbände der Reihe „Bayerische Städte und Landschaften" erfassen das Charakteristische der jeweils beschriebenen Stadt oder Region. Auf ihre besondere Art vermitteln Fotografien und Texte ein Bild von Land und Leuten, von Natur und Kultur. Sowohl Text- wie auch Bildautoren haben zumeist über Jahre hinweg beobachtet und die Eindrücke auf sich wirken lassen. Sie nehmen unkonventionelle Perspektiven ein und lassen außergewöhnliche Aspekte zu. Abseits ausgetrampelter Pfade begeben sie sich auf neue Wege und richten den Blick wieder auf die Nähe und auf die Unverwechselbarkeit.
Rezensionen loben nachdrücklich die „poetischen Texte und die stimmungsvollen Bilder" der Reihe. Der Bayerische Rundfunk nennt sie „einen Auftrag zum Hinsehen". Während sich für die Nürnberger Zeitung „das Zauberhafte der Regionen neu erschließt", ist die Passauer Neue Presse beeindruckt von den „phantastischen Naturstimmungen".

BAYERISCHE STÄDTE UND LANDSCHAFTEN — DAS STIFTLAND

Land der tausend Teiche

B. Setzwein · G. Moser · A. Schneider · N. Grüner · H. Reichl

BUCH & KUNSTVERLAG OBERPFALZ

BAYERISCHE STÄDTE UND LANDSCHAFTEN — OBERPFÄLZER JURA

Silberdistel-land

Bernhard Setzwein · Günter Moser · Othmar Perras

BUCH & KUNSTVERLAG OBERPFALZ

BAYERISCHE STÄDTE UND LANDSCHAFTEN — FICHTELGEBIRGE

Steinmeer und Siebenstern

Gerhard Bayerl · Manfred Scholles · Bernhard Setzwein

BUCH & KUNSTVERLAG OBERPFALZ

Inhalt

Wie einer in den Wald hineinruft	5
Haberngras und Siebenstern	9
Zuhaus ein Maulwurf, draußen ein Luchs	23
Im Wald regnet's zweimal	39
Glück und Glas	55
A halberts Jahr Winter, und a halberts Jahr kalt	67
Kein Himmel ohne Wolken	83
Wer den Stein nicht heben kann, der muß ihn wälzen	95

Autor:
Harald Grill, geb. 1951 in Hengersberg, lebt als freischaffender Schriftsteller in Wald, Landkreis Cham. Mitglied im PEN-Zentrum der Bundesrepublik Deutschland, im Verband deutscher Schriftsteller und in der neuen Gesellschaft für Literatur, Erlangen. 1990 Drehbuchwerkstatt der Hochschule für Film und Fernsehen in München. 1992 Baur-Preis der Bayerischen Akademie der Schönen Künste.
Veröffentlichungen u.a. „Gute Luft, auch wenn's stinkt". Geschichten vom Land (1983/ russische Übersetzung: 1990); „wenn du fort bist". gedichte (1991); „einfach leben". bairische gedichte (1994); „Hochzeit im Dunkeln". Erzählung (1995); „Hinüber". bairische Gedichte (1996); „Stilles Land an der Grenze". Fotoband, zusammen mit Günter Moser (1996).

Zitate:
Hans Carossa, in „Verwandlungen einer Jugend", hier: Die Wanderung, Insel Verlag, Frankfurt 1928
Erwin Eisch, in: „Glück und Glas", Merian „Bayerischer Wald", Hamburg 1974
Konrad Köstlin, in: „Der Regen, Kultur und Natur am Fluß", Buch & Kunstverlag Oberpfalz, Amberg 1996
Alfred Kubin, in: Phantasien im Böhmerwald, Mappenwerk Wien, Linz, München 1951
Friedrich Nietzche, in: „Menschliches, Allzumenschliches" (Nr. 290), Hanser Verlag, München 1966
Heimrad Prem, in: „Heimrad Prem, Retrospektive und Werkverzeichnis", Prestel Verlag, München 1995
Heinz Theuerjahr, in: „Heinz Theuerjahr, eine Annäherung", Verlag Toni Pongratz, Hauzenberg 1995
Sprichwörter und Redewendungen, die die einzelnen Kapitel einleiten, vergl. Annelies und Horst Beyer, Sprichwörter-Lexikon, Verlag C.H. Beck, München 1985

Verlag, Autor und Fotografen bedanken sich bei:
Wolfgang Bäuml, Hans Biebelriether, Glashütte Weinfurtner, Erwin, Gretel und Valentin Eisch, Gerhard Hopp, Reinhold Weinberger, Gutsverwaltung Oberfrauenau, Waldmuseum Zwiesel, Schott Zwiesel, Stadt Furth i. Wald, Freilichtmuseum Finsterau und Museumsdorf Bayerischer Wald, Tittling